Frank Hoffmeister



# Clevere Tipps für die mündliche Prüfung – Industriekaufleute

Bestell-Nr. 951

U-Form Verlag · Hermann Ullrich GmbH & Co. KG

Du hast Fragen, Anregungen oder Kritik zu diesem Produkt?

Das U-Form Team steht dir gerne auf Facebook Rede und Antwort.

Direkt auf

**facebook.com/pruefungscheck**

fragen, diskutieren, stöbern und weiteres Wichtige und Wissenswerte rund um Ausbildung erfahren

oder

einfach eine kurze E-Mail an

**feedback@u-form.de**

© U-Form Verlag · Hermann Ullrich GmbH & Co. KG
Cronenberger Straße 58 · 42651 Solingen
Telefon: 0212 22207-0 · Telefax: 0212 208963
Internet: www.u-form.de · E-Mail: uform@u-form.de

5. Auflage 2015 · ISBN 978-3-88234-951-1

# Inhaltsverzeichnis




**1. Einführung** **5**

**2. Gesamte Prüfung** **6**
2.1 Grundaufbau der Prüfung 6
2.2 Gewichtung der Prüfungsleistungen 6
2.3 Bestehen der Abschlussprüfung 8

**3. Schritte zur mündlichen Prüfung – ein Überblick** **10**
3.1 Auswahl des Einsatzgebietes 11
3.2 Festlegung der Fachaufgabe 12
3.3 Kurzbeschreibung 15
3.4 Anfertigen des Reports 17
3.4.1 Inhaltliche Vorbereitung 18
3.4.2 Struktur des Reports 20
3.4.3 Formale Vorgaben 21
3.4.4 Probleme und Lösungen 22

**4. Anforderungen** **24**
4.1 Grundstruktur der Prüfung 24
4.2 Allgemeine Anforderungen 26
4.3 Anforderungen und Besonderheiten des Prüfungsausschusses 26
4.4 Inhaltliche Anforderungen 27
4.5 Weitere Anforderungen 28
4.5.1 Aufgeschlossenes Prüfungsverhalten 28
4.5.2 Sicheres Auftreten 29
4.5.3 Sprache 30
4.5.4 Nonverbale Elemente 32
4.6 Bewertungskriterien 35

**5. Inhaltliche Vorbereitung** **37**
5.1 Unternehmensbezogene Inhalte 37
5.2 Aktuelle Themen 37
5.3 Geschäftsprozesse 38
5.4 Basisbegriffe 41

**6. Präsentation vorbereiten und üben** **42**
6.1 Präsentation vorbereiten 42
6.1.1 Inhaltliche Struktur 42
6.1.2 Manuskript 43
6.1.3 Präsentationsmittel 43
6.1.4 Visualisierung von Inhalten 46
6.2 Präsentation üben 47
6.2.1 Vorbereitung 48
6.2.2 Präsentation halten 48
6.2.3 Präsentation auswerten 49
6.3 Typische Fehler beim Präsentieren 51

**7. Fachgespräch vorbereiten und üben** **52**
7.1 Fachgespräch vorbereiten 53
7.2 Fachgespräch üben 54
7.3 Typische Fehler beim Fachgespräch 56
7.4 Tipps für das Fachgespräch 57

**8. Typische Prüfungsprobleme** **58**
8.1 Schlechte Vorbereitung 58
8.2 Negative Grundhaltung 58
8.3 Lampenfieber 59
8.4 Störungen 61

**9. Allgemeine Tipps** **62**

**10. Anhang** **65**

**ACHTUNG!**

Sollte es für diesen Praxisratgeber Aktualisierungen oder Änderungen geben, können diese unter

www.u-form.de/addons/951-1.pdf

heruntergeladen werden. Ist diese Seite nicht verfügbar, so sind keine Änderungen eingestellt!

# 1. Einführung

> *In Prüfungen stellen Narren Fragen, die Weise nicht beantworten können.*
>
> Oscar Wilde

Dieser Ratgeber soll Ihnen helfen, die Prüfung im Bereich „Einsatzgebiet" zu bewältigen. Sie werden sehen, dass Ihnen bei systematischer und konzentrierter Vorbereitung die Prüfung leichter von der Hand gehen wird.

**Hier eine kurze Übersicht:**

| **Prüfungsbereich:** | **Einsatzgebiet** |
|---|---|
| Typ: | Mündlich,<br>Basis: Höchstens fünfseitiger Report |
| Bereiche und Dauer: | Präsentation ca. 15 Minuten<br>Fachgespräch ca. 15 Minuten<br>(max. 30 Minuten insgesamt) |
| Prüfungsziele: | – Ganzheitliche Geschäftsprozesse in der Sachbearbeitung beherrschen<br>– Problemlösungen in der Praxis erarbeiten |
| Inhalte: | Einsatzgebietsspezifische Inhalte;<br>a) Präsentation<br>Sachverhalte, Abläufe, Ergebnisse der bearbeiteten Fachaufgabe erläutern und mit praxisüblichen Mitteln darstellen<br>b) Fachgespräch<br>Fachaufgabe in Gesamtzusammenhänge einordnen, Hintergründe erläutern und Ergebnisse bewerten |
| Anteil am Gesamtergebnis: | 30 %, wobei mindestens 50 Punkte erzielt werden müssen („Sperrfach") |
| Quelle: | Verordnung über die Berufsausbildung zum Industriekaufmann/zur Industriekauffrau vom 23. Juli 2002 |

Ausgehend von den ersten Vorbereitungsschritten werden Sie in diesem Ratgeber nicht nur die Anforderungen, sondern darüber hinaus die Besonderheiten von Präsentation und Fachgespräch kennen lernen. Dabei wird stets vorausgesetzt, dass Sie sich das fachliche Wissen bereits zu Ihrer schriftlichen Prüfung erarbeitet haben.

Durch vielfältige praktische Tipps und Übungsvorschläge werden Sie Möglichkeiten und Wege erfahren, wie Sie sich zielorientiert und erfolgreich auf die Prüfung vorbereiten können.

# 2. Gesamte Prüfung

## 2.1 Grundaufbau der Prüfung

Die Prüfung besteht aus einem schriftlichen und einem mündlichen Prüfungsteil.

**Die schriftliche Abschlussprüfung erfolgt in drei Bereichen:**

| | |
|---|---|
| 1. Geschäftsprozesse | erster Prüfungstag |
| 2. Kaufmännische Steuerung und Kontrolle<br>3. Wirtschafts- und Sozialkunde | zweiter Prüfungstag |

**Die praktische Prüfung erfolgt im Prüfungsbereich:**

| | |
|---|---|
| 4. Einsatzgebiet | praktische Prüfung |

## 2.2 Gewichtung der Prüfungsleistungen

Bei der Ermittlung des Gesamtergebnisses der Prüfung werden die einzelnen Prüfungsteile unterschiedlich stark gewichtet:

| | |
|---|---|
| 1. Geschäftsprozesse (Dauer: 180 Minuten) | 40 % |
| 2. Kaufmännische Steuerung und Kontrolle (Dauer: 90 Min.) | 20 % |
| 3. Wirtschafts- und Sozialkunde (Dauer: 60 Min.) | 10 % |
| 4. Einsatzgebiet (Dauer: ca. 30 Min.) | 30 % |
| **insgesamt** | **100 %** |

Sie erkennen diese Gewichtung in der folgenden Darstellung anhand der Fläche der dargestellten Prüfungsbereiche:

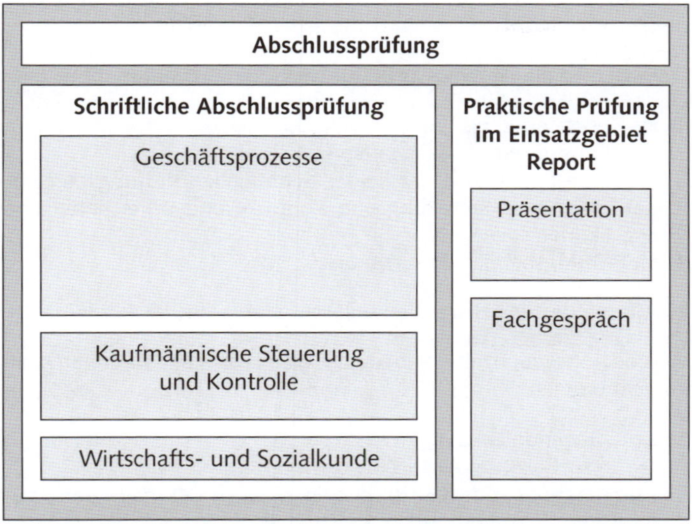


Für die Berechnung des Gesamtergebnisses werden die Ergebnisse entsprechend gewichtet und addiert.

**Beispiel:**

| | Gewicht | | Ergebnis | | |
|---|---|---|---|---|---|
| Geschäftsprozesse | 40 % | x | 77 % | = | 30,8 % |
| Kaufmännische Steuerung und Kontrolle | 20 % | x | 73 % | = | 14,6 % |
| Wirtschafts- und Sozialkunde | 10 % | x | 80 % | = | 8,0 % |
| Einsatzgebiet | 30 % | x | 83 % | = | 24,9 % |
| insgesamt | 100 % | | | | **78,3 %** |
| | | | | = | **befriedigend** |

## 2.3 Bestehen der Abschlussprüfung

Die Bestehensregelung ergibt sich aus § 10 der Ausbildungsordnung.

Demnach ist die Abschlussprüfung bestanden, wenn:

1. im Gesamtergebnis,
2. im Prüfungsbereich Geschäftsprozesse,
3. in mindestens einem der beiden schriftlichen Prüfungsbereiche Kaufmännische Steuerung und Kontrolle und Wirtschafts- und Sozialkunde sowie
4. im Prüfungsbereich Einsatzgebiet

jeweils mindestens ausreichende Leistungen erbracht wurden.

Welche Konsequenzen ergeben sich, wenn diese Bedingungen nicht erreicht werden?

a) Ungenügende Leistungen

   Sind ungenügende Leistungen in einem oder mehreren Prüfungsbereichen vorhanden, so ist die Prüfung nicht bestanden.

b) Geschäftsprozesse mangelhaft, Rest ist ausreichend

   Liegt in der schriftlichen Prüfung im Fach Geschäftsprozesse eine mangelhafte Leistung vor, so ist eine mündliche Ergänzungsprüfung zum Bestehen der Prüfung zwingend erforderlich.
   Diese mündliche Ergänzungsprüfung dauert etwa 15 Minuten. Bei der Ermittlung des Ergebnisses für diesen Prüfungsbereich ist das Ergebnis der schriftlichen Arbeit und der mündlichen Ergänzungsprüfung im Verhältnis 2:1 zu gewichten.

   **Beispiel:**

| | Gewicht | Ergebnis | | |
|---|---|---|---|---|
| Ergebnis der schriftlichen Prüfung | 2 x | 45 % | = | 90 % |
| Ergebnis der mündlichen Ergänzungsprüfung | 1 x | 69 % | = | 69 % |
| insgesamt | | | | **159 % / 3** |
| | | | = | **53 %** |
| | | | = | **ausreichend** |

c) Kaufmännische Steuerung und Kontrolle und Wirtschafts- und Sozialkunde – ein Fach ist mangelhaft, Rest ist ausreichend

Liegt in einem der beiden Fächer ein „Mangelhaft“ vor, so muss in der Regel kein Ausgleich zum Bestehen der Prüfung erfolgen. Bei nahezu ungenügenden Leistungen sowie schwachen Leistungen in allen anderen Prüfungsgebieten könnte ein Ausgleich durch eine mündliche Ergänzungsprüfung erforderlich werden.

**Beispiel (Ergebnis ohne mündliche Ergänzungsprüfung):**

| | Gewicht | | Ergebnis | | |
|---|---|---|---|---|---|
| Geschäftsprozesse | 40 % | x | 52 % | = | 20,8 % |
| Kaufmännische Steuerung und Kontrolle | 20 % | x | 32 % | = | 6,4 % |
| Wirtschafts- und Sozialkunde | 10 % | x | 50 % | = | 5,0 % |
| Einsatzgebiet | 30 % | x | 55 % | = | 16,5 % |
| insgesamt | 100 % | | | | **48,7 %** |
| | | | | = | **mangelhaft** |

d) Kaufmännische Steuerung und Kontrolle und Wirtschafts- und Sozialkunde – beide Fächer sind mangelhaft, Rest ist ausreichend

Sofern in der schriftlichen Prüfung die Prüfungsleistungen in diesen Prüfungsbereichen mit „mangelhaft“ bewertet worden sind, ist auf Antrag des Prüflings oder nach Ermessen des Prüfungsausschusses in einem der Fächer die schriftliche Prüfung durch eine mündliche Prüfung zu ergänzen. Notwendig wird diese Ergänzungsprüfung dann, wenn dieses für das Bestehen der Prüfung den Ausschlag geben kann. Der Prüfungsbereich wird dabei vom Prüfling bestimmt.
Die Berechnung des Prüfungsergebnisses für diesen Bereich erfolgt im Verhältnis 2 : 1 (Ergebnis der schriftlichen Arbeit : Ergebnis der mündlichen Ergänzungsprüfung).

# 3. Schritte zur mündlichen Prüfung – ein Überblick

Schlusspunkt Ihrer Ausbildung ist das Bestehen der Prüfung im Einsatzgebiet. Sobald Sie mit Ihrem Ergebnis aus dem Prüfungszimmer hinaustreten, ist Ihre Ausbildung beendet.

Aber wie sieht der Vorlauf bis zu dieser Prüfung aus?

In der unten stehenden Übersicht finden Sie in zeitlicher Reihenfolge die notwendigen Schritte zur Vorbereitung der mündlichen Prüfung. Grundsätzlich sind natürlich Sommer- und Winterprüfungstermine zu unterscheiden.

Bitte beachten Sie, dass es sich nur um eine beispielhafte Darstellung handelt. Die Termine weichen von IHK zu IHK ab, da regionale Unterschiede bei der Lage der Ferien oder auch bei der Planung der Berufsschulblöcke bestehen. Erfragen Sie daher bitte die genauen Termine bei Ihrer zuständigen IHK.

**Beispiel: Zeitplan für den Prüfungsbereich „Einsatzgebiet"**

| Nr. | Aufgaben | Sommerprüfung | Winterprüfung |
|---|---|---|---|
| 1 | Aufforderung zur Prüfungsanmeldung und zur Abgabe der Themenbeschreibung für den Report durch die IHK | November | Mai |
| 2 | Anmeldung zur Prüfung | Dezember | Juli |
| 3 | Abgabe des Antrages/Kurzbeschreibung zur Genehmigung der beabsichtigten Fachaufgabe | Januar | September |
| 3 | Genehmigung der Fachaufgabe durch den Prüfungsausschuss | März | Oktober |
| 4 | Schriftliche Abschlussprüfung | Anfang Mai (2 Tage) | Ende November (2 Tage) |
| 5 | Abgabe des Reports und der Bestätigung zur selbstständigen Bearbeitung | Mai | November/ Dezember |
| 6 | Prüfung im Einsatzgebiet | Juni/Juli | Januar |

In den folgenden Kapiteln werden wir die entscheidenden Schritte näher erläutern.

## 3.1 Auswahl des Einsatzgebietes

Der Ausbildungsbetrieb legt das Einsatzgebiet fest, in dem der Auszubildende in den letzten Monaten seiner Ausbildung eingesetzt wird (bei 3-jähriger Ausbildung sollen 8 – 10 Monate im Einsatzgebiet verbracht werden, bei 2-jähriger Ausbildung sind das ca. 6 Monate).
Als Einsatzgebiet kommen insbesondere Prozesse aus folgenden Bereichen in Betracht (vgl. § 4 Abs. 2 der Ausbildungsordnung):

**Marketing und Absatz:**
- Vertrieb
- Außendienst
- Export
- Werbung/Verkaufsförderung

**Beschaffung und Bevorratung:**
- Elektronische Beschaffung (E-Procurement)
- Ausschreibungsverfahren
- Lagerlogistik

**Personalwirtschaft:**
- Mitarbeiterförderung
- Personalmarketing
- Entgeltsysteme
- Arbeitsstudien

**Leistungserstellung:**
- Arbeitsvorbereitung
- Investitionsplanung
- Technik/Technologie
- Produktentwicklung
- Bauprojekte

**Leistungsabrechnung:**
- Kostenrechnungssysteme
- Projektabrechnung
- Beteiligungsverwaltung

**Querschnittsaufgaben:**
- Produktmanagement
- E-Commerce
- Kundenprojekte
- Logistik
- Controlling
- Qualitätsmanagement
- Bürokommunikation
- Informationstechnologie
- Organisation
- Facility-Management
- Franchising
- Umweltschutzmanagement
- Supply Chain Management
- Auslandseinsatz

Andere Einsatzgebiete sind zulässig, sofern sie von einsatzgebietspezifischen Lösungen und entsprechenden Koordinierungsprozessen geprägt sind.

Der Betrieb meldet schließlich das gewählte Einsatzgebiet an die IHK.

Ein Thema entsteht

## 3.2 Festlegung der Fachaufgabe

Sie als Prüfling wählen gemeinsam mit der Fachabteilung ein geeignetes Thema aus.

Der Ausbildungsbetrieb muss dabei sicherstellen, dass Ihnen Aufgaben übertragen werden, die nicht nur spezifische Lösungen erfordern, sondern vor allem typische Aufgaben und Prozesse im jeweiligen Einsatzgebiet beinhalten.

Die Themenbereiche der Fachaufgaben werden in der Ausbildungsordnung nicht speziell genannt, sondern lassen sich nur allgemein über das Berufsbild entwickeln. Diese Offenheit ist beabsichtigt, um eine möglichst breite Auswahl von Themen in der Fachaufgabe zu ermöglichen.
Die ausgewählte Fachaufgabe soll dem Prüfling aber ausreichende Möglichkeiten bieten, seine Fertigkeiten und Kenntnisse bei der Sachbearbeitung darzustellen. Insofern darf sie weder zu „klein" noch zu „einfach" sein.

Die Fachaufgabe hat zum Ziel das eigenständige und verantwortliche Handeln sowie das funktions- und prozessorientierte Anwenden von Wissen bei der Lösung von fachlichen Aufgaben des Einsatzgebietes zu überprüfen.

**Wie entwickelt man nun Ideen für eine konkrete Fachaufgabe?**

Zur ersten Themenorientierung können Sie sich Themen aus der Vergangenheit von ehemaligen Auszubildenden besorgen. Ihr Ausbilder, Arbeitskollegen oder ehemalige Auszubildende sind Ihnen sicher gern behilflich.

!

Bedenken Sie bei der Auswahl Ihres Themas aber, dass die Prüfer nicht immer wieder die gleichen Themen „vorgesetzt" bekommen wollen. Sie werden Ihnen sicherlich für eine neue Idee dankbar sein.

Ideen sammeln

!

Wenn Sie damit nicht weiterkommen, sollten Sie mit Ihrem Fachbetreuer und mit Ihrem Ausbilder gemeinsam in einem **Brainstorming** zunächst **Ideen sammeln**. Zur Vorbereitung können Sie zusätzlich Ihre Lehrbücher aus der Berufsschule heranziehen. Aber Achtung – bei der Auswahl des Themas sollten Sie stets im Blick haben, dass es um die Gestaltung einer *praktischen* Prüfung geht. Rein theoretische Themen, wie z. B. abstrakte volkswirtschaftliche Inhalte, sollten daher ausgeklammert oder zumindest sehr genau geprüft werden.

Sofern Sie und Ihr Ausbilder unterschiedliche Vorstellungen über die Fachaufgabe haben, sollten Sie immer um einen Kompromiss bemüht sein. Sicherlich wird Ihr Ausbilder Verständnis dafür aufbringen, wenn Ihnen bestimmte Themen nicht liegen. Wichtig ist dabei, dass Sie sich gegebenenfalls selbst aktiv um eine alternative Themenstellung und eine Einigung bemühen.

**Formulierungshilfen (Beispiele)**

Hier einige **konkrete Ansatzpunkte**, die Ihnen bei der Formulierung eines Themas helfen:

1. Für das jeweilige Einsatzgebiet können Themen für eine Fachaufgabe aus der sachlichen Gliederung des **Ausbildungsrahmenplans** entwickelt werden. Dort werden die Fertigkeiten und Kenntnisse angegeben, die während der Ausbildung zu vermitteln sind.

   **Beispiel: Einsatzgebiet „Personal"**

| | |
|---|---|
| Ausbildungsrahmenplan: | „7.2 Instrumente zur Personalbeschaffung und Personalauswahl anwenden" |
| Fachaufgabe: | Beschaffung eines kaufmännischen Sachbearbeiters für ein Zweigwerk |

2. In Ihrem Einsatzgebiet haben Sie einige Arbeitsvorgänge sicherlich häufiger und vor allem selbstständig ausgeführt. Diese Prozesse können als Prüfungsthema weiterentwickelt werden. Erste Hinweise ergeben sich aus den Eintragungen, die Sie in Ihrem Berichtsheft, d. h. in Ihren Ausbildungsnachweisen vorgenommen haben.

   **Beispiel: Einsatzgebiet „Beschaffung"**

| | |
|---|---|
| Arbeitsvorgang aus Berichtsheft: | Lieferantenvergleich durchgeführt |
| Fachaufgabe: | Quantitativer und qualitativer Lieferantenvergleich bei der Anschaffung einer Drehmaschine |

3. Möglicherweise hat die Fachabteilung gerade ein Projekt gestartet, für das eine Lösung gesucht wird. Hier könnte man prüfen, ob das gesamte Projekt oder bestimmte Teile nicht im Rahmen eines Prüfungsthemas bearbeitet werden können.

**Beispiel: Einsatzgebiet „Absatz"**

| | |
|---|---|
| Projekt: | Ausweitung des Exportes in die Region Asien/Mittlerer Osten |
| Fachaufgabe: | Durchführung einer Marktanalyse in der Exportregion Asien/Mittlerer Osten |

Solche projektbezogenen Aufgaben haben den großen Vorteil, dass Ihr Arbeitsergebnis für die Abteilung oder den gesamten Betrieb von Interesse ist. Im Normalfall erhöht dieses Wissen einerseits Ihre eigene Motivation und andererseits die Motivation der Mitarbeiter, Sie bei der Bewältigung der Aufgabe zu unterstützen.
Indem Sie diese Aufgabe gut erfüllen, geben Sie damit gleichzeitig eine Arbeitsprobe ab. Dieses kann sich dahingehend auswirken, dass das Interesse der Abteilung an Ihrer Übernahme nach dem Ende Ihrer Ausbildung erhöht wird.

Hier einige weitere Beispiele für Fachaufgaben in einzelnen Einsatzgebieten:

Marketing und Absatz:
- Abwicklung eines Großauftrages eines Kunden
- Umgang mit Reklamationen und Beschwerden
- Planung und Durchführung einer Werbemaßnahme
- Abwicklung eines Exportauftrages
- Analyse eines Teilmarktes

Beschaffung und Bevorratung:
- Vergleich von Transportträgern und -mitteln unter wirtschaftlichen Aspekten
- Bestellvorgang
- Einkauf von Rohmaterialien für die Herstellung eines Arzneimittels

Personalwirtschaft:
- Einstellung eines Mitarbeiters
- Ausscheiden eines Mitarbeiters
- Planung und Organisation einer Personalentwicklungsmaßnahme
- Berechnung eines Monatslohnes für gewerbliche Mitarbeiter eines Produktionsbetriebes

Leistungserstellung:
- Arbeitsvorbereitung für einen Auftrag
- Planung und Durchführung einer Investition
- Erstellung und Optimierung von Arbeitsanweisungen

Leistungsabrechnung:
- Abrechnung eines Gemeinschaftsprojektes mit einem anderen Unternehmen
- Budgetplanung
- Rechnungserstellung und Forderungsabtretung an konzerninternen Cash-Pool

Querschnittsaufgaben:
- Ausschreibung für einen Auftrag zur Transportlogistik
- Vertragsabwicklung im Forschungs-Controlling
- Ersatz von Bestellanforderungsformularen durch elektronische Kommunikationsmittel

## 3.3 Kurzbeschreibung

**Formular an IHK schicken**

Wenn Sie gemeinsam eine geeignete Fachaufgabe gefunden haben, formulieren Sie die Kurzbeschreibung. Diese Kurzbeschreibung wird an den zuständigen Prüfungsausschuss der IHK geschickt. Im Anhang finden Sie ein Formularmuster für eine solche Kurzbeschreibung (Anhang A).

Anhand dieser Kurzbeschreibung genehmigt der Prüfungsausschuss die Fachaufgabe, wenn sie den Anforderungen entspricht. Diese Genehmigung ist der „Normalfall".

**Im Berufsbild bleiben**

Um Probleme bei der Genehmigung zu vermeiden, sollten Sie kritisch prüfen, ob Ihr Thema in einem ausreichenden Bezug zum Berufsbild steht. Selbst wenn die Handhabung eher großzügig ist, sollten Sie dennoch keine Fachaufgaben auswählen, die sich rein auf berufsfremde Fachgebiete beziehen. Beispielsweise wäre die Lösung einer reinen Programmierungsaufgabe für eine technische Einrichtung eher kritisch.

Prüfen Sie weiterhin, ob Ihr Thema ausreichend komplex ist. Ein Thema z. B. mit dem Titel „Ablage von Auftragsbestätigungen" wird den Anforderungen nicht entsprechen. Die Fachaufgabe müsste deutlich erweitert werden, z. B. zu „Abwicklung eines Bestellvorganges".

Sofern Sie beim Antrag auf Genehmigung selbst eine kurze Beschreibung oder Gliederung ohne irgendwelche Formularvorgaben vornehmen müssen, können Sie sich an folgenden **Hinweisen** orientieren:

**Inhalt der Kurzbeschreibung**

- **Aufgabenstellung**: Erläutern Sie die Aufgabenstellung in ein bis zwei Sätzen.
- **Aufgabensteller**: Erläutern Sie, welche Abteilung diese betriebliche Aufgabe stellt.
- **Aufgabenlöser**: Welche Abteilung löst die betriebliche Aufgabe?
- **Vor-/nachgelagerte Prozesse/Abteilungen**: Welche Prozesse laufen vor dem Prozess der Aufgabenstellung ab? Welche laufen danach ab?
- **Parameter**: Welche Voraussetzungen müssen vor Beginn des Prozesses erfüllt sein?
- **Gliederung**: Geben Sie eine grobe Gliederung des Themas an.

Im unwahrscheinlichen Fall, dass das Thema der Fachaufgabe trotz sorgfältiger Vorbereitung abgelehnt wird, kann dies eventuell nachgebessert werden. Die Industrie- und Handelskammer hilft Ihnen, indem Sie Ihnen die für eine erfolgreiche Genehmigung notwendigen Änderungen schriftlich mitteilt. Der nachgebesserte Antrag wird schließlich erneut zur Genehmigung eingereicht.

Selbst wenn die Aufgabenstellung vollständig abgelehnt werden sollte, erhält der Antragsteller (= Auszubildender) eine schriftliche Begründung vom Prüfungsausschuss und kann einen neuen Antrag bis zu dem von der Industrie- und Handelskammer neu festgelegten Termin einreichen.

Sofern der erneut eingereichte Antrag vom Prüfungsausschuss nicht genehmigt wird, gilt die Prüfung im Prüfungsbereich „Einsatzgebiet" als nicht bestanden. Dieser Fall tritt jedoch äußerst selten ein.

## 3.4 Anfertigen des Reports

Nach der Genehmigung der Fachaufgabe beginnen Sie mit der Anfertigung einer schriftlichen Darstellung der ausgeführten Fachaufgabe, dem so genannten Report (vgl. § 9 Abs. 2 Nr. 4 der Ausbildungsverordnung). Mit Hilfe des Reports bereitet sich der Prüfungsausschuss auf die Präsentation und das Fachgespräch vor.

**Erster Eindruck: Der Report**

Der Report wird zwar nicht benotet, aber da sowohl die Präsentation als auch das Fachgespräch darauf aufbauen, wird bereits ein wichtiger Grundstein für den Erfolg gelegt. Hier entsteht der wichtige erste Eindruck der Prüfer.

**Form und Inhalt: Praxisbezogen**

Dabei geht es nicht um eine wissenschaftliche Abhandlung, sondern um eine handlungsorientierte Darstellung der Inhalte der Fachaufgabe mit praxisbezogenen, betriebsüblichen Unterlagen.

**Persönliche Erklärung Bsp.: Anhang B**

Wenn Sie Ihren Report fertig gestellt haben, müssen der Ausbildungsbetrieb bzw. der Ausbildende sowie der Auszubildende selbst noch bestätigen, dass der Auszubildende die im Report dokumentierte Fachaufgabe im Betrieb selbstständig ausgeführt hat. Ein Muster dieser persönlichen Erklärung finden Sie im Anhang B.

Wie weit darf die Hilfe des Ausbilders gehen? Ihr Ausbilder wird Sie bei der Auswahl der Mittel zur Lösung der Fachaufgabe beraten und Ihnen diese Mittel zur Verfügung stellen. Erarbeiten müssen Sie die Lösung allerdings wirklich selbstständig. Vermeiden Sie unbedingt jeden Eindruck, dass Sie ein in der Vergangenheit bereits abgearbeitetes Thema oder einen Report als Vorlage genommen haben!

Sinnvoll sind regelmäßige Treffen zur Abstimmung mit Ihrem Betreuer der Fachaufgabe bzw. Ihrem Ausbilder, um zu verhindern, dass Ihre Lösung nicht sinnvoll ist. Besser ist es sicherlich, die zwischenzeitlichen Anmerkungen und Kommentare in Ihre Überlegungen einfließen zu lassen.

**Termine und Vorgaben beachten**

Zusammen mit der persönlichen Erklärung ist der Report bis zu einem bestimmten Termin der IHK zuzuleiten. Zu beachten sind jeweils die terminlichen und formalen Vorgaben der zuständigen IHK (Bsp.: Vierfache Ausfertigung mit je einer unterschriebenen persönlichen Erklärung sowie Kopie des Antrages zur Genehmigung der Fachaufgabe).

### 3.4.1 Inhaltliche Vorbereitung

Nachdem Ihre Themenstellung feststeht bzw. genehmigt ist, starten Sie mit Ihrer inhaltlichen Vorbereitung des Reports.

**Brainstorming**

Im ersten Schritt beginnen Sie mit einem Brainstorming. Nehmen Sie sich ein großes Blatt und notieren Sie sich alle Gedanken, die Ihnen spontan zum Thema einfallen. Wahrscheinlich werden sich zunächst mehr Fragen als Antworten sowie viele Lücken ergeben.

Gehen Sie dabei bitte nicht systematisch vor, sondern schreiben Sie einfach alles hin, ohne großartig darüber nachzudenken. Nur so erhalten Sie eine Fülle von Ansatzpunkten, die Sie dann weiter verfolgen und bearbeiten können.

**Beispiel für Themengebiet „Angebotsvergleich" Schritt 1**

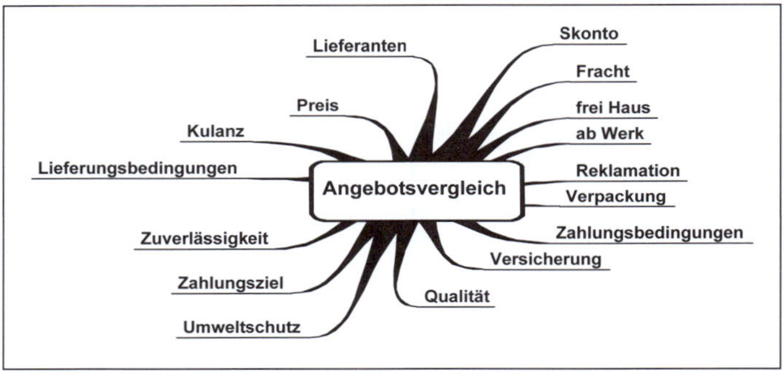


**Ordnen und Ergänzen**

Erst im zweiten Schritt ordnen Sie Ihre Gedanken. Fassen Sie Punkte sinnvoll zusammen. Bilden Sie Kategorien, für die Sie zusätzlich Überschriften formulieren sollten (z. B. Fragen, Schnittstellen, Materialien). Skizzieren Sie Zusammenhänge zwischen verschiedenen Punkten, legen Sie eine Reihenfolge für die Bearbeitung der Punkte fest und ergänzen Sie einzelne Aspekte.

### Beispiel für Themengebiet „Angebotsvergleich“ Schritt 2

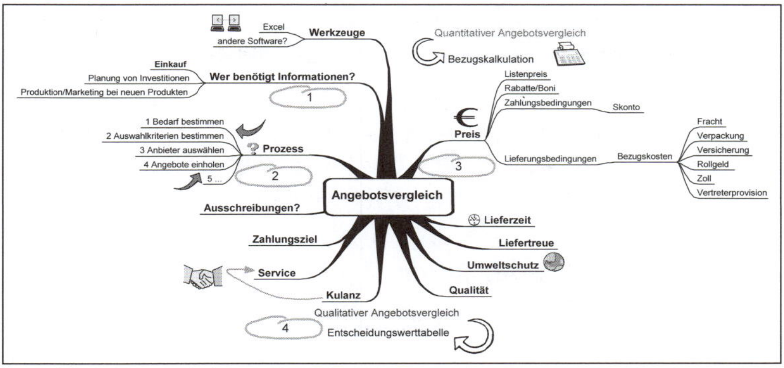


Die nächsten Schritte hängen sehr stark von verschiedenen Faktoren ab, wie z. B. der gewählten Thematik, Ihren Vorkenntnissen und den Besonderheiten Ihres Ausbildungsbetriebes.

**Material sammeln**

Anhand der entwickelten Fragen, sammeln Sie zunächst Material. Werten Sie dabei papiergebundene oder elektronische Firmendokumente, das Internet, Fachzeitschriften, Lexika und Ihre Lehrbücher aus. Dabei sollten Sie zwischenzeitlich immer wieder überprüfen, ob das Material Ihnen in Bezug auf Ihr Thema und Ihre Fragen wirklich hilft.

**Material aktiv bearbeiten**

Nehmen Sie beim Durcharbeiten des Materials stets eine aktive Haltung ein. Dazu gehört die intensive Auseinandersetzung mit dem jeweiligen Inhalt. Bloßes Lesen reicht zumeist nicht aus. Vielmehr sollten Sie anhand der Textüberschriften im Material Fragen formulieren und im Text nach den entsprechenden Antworten suchen:

**Beispiel:**

Überschrift: „Stückzeitakkord und Stückgeldakkord“

Fragen: Was ist ein Akkordlohn?
Welche anderen Lohnformen gibt es?
Worin besteht der Unterschied zwischen dem Stückzeit- und dem Stückgeldakkord?

Unterstreichen Sie wichtige Textstellen, notieren Sie sich das Wesentliche oder fertigen Sie sich eine Mind-Map (siehe oben) an, die Sie immer weiter ausbauen.

Heften Sie Ihre Notizen geordnet ab, so dass Sie direkt darauf zugreifen können. Sofern Ihre Notizen in elektronischer Form vorliegen,

**Daten sichern**

sollten Sie sprechende Dateinamen wählen (Beispiel: angebotsvergl_preis.doc), um die Inhalte schnell wieder zu finden. Legen Sie die Dateien geordnet auf der Festplatte, z. B. in einem Ordner mit dem Namen Report-Material ab und fertigen Sie in kurzen Abständen eine Sicherheitskopie der Dateien an.

**Feedback über Zwischenergebnisse einholen**

Grundsätzlich sollten Sie vorab Ihr Vorgehen sowie Zwischenergebnisse mit der Fachabteilung bzw. Ihren Betreuern abstimmen. So erhalten Sie die Gewissheit, auf dem richtigen Weg zu sein.

### 3.4.2 Struktur des Reports

Der Report sollte eine strukturierte Darstellung der bearbeiteten Fachaufgabe sein. Vorschriften wie diese Struktur auszusehen hat, gibt es dabei nicht. Die Gestaltung und Darstellung ist somit frei wählbar, so dass keine „Idealgliederung" bestimmt werden kann.

**Gliederung**

Es lassen sich jedoch verschiedene Strukturierungselemente unterscheiden, die jeweils zu einer sinnvollen Gliederung zusammengestellt werden können:

**1. Vorbemerkungen**

- **Einsatzgebiet**:
  Nennen Sie kurz Ihr Einsatzgebiet.
- **Thema/Aufgabenstellung**:
  Nennen Sie Ihr Thema.
- **Einführung**:
  Geben Sie kurz einige Informationen dazu, warum Sie Ihr Thema gewählt haben oder warum diese Aufgabe für Ihren Betrieb von Bedeutung ist.
- **Aufgabensteller**:
  Benennen Sie die Abteilung, die diese betriebliche Aufgabe stellt.
- **Ziel**:
  Beschreiben Sie, welches Ziel mit der Bearbeitung der Fachaufgabe verbunden ist.

**2. Fachaufgabe**

- **Aufgabenlöser**:
  Beschreiben Sie, welche Abteilung die betriebliche Aufgabe löst.
- **Parameter**:
  Stellen Sie dar, welche Voraussetzungen vor Beginn des Prozesses erfüllt sein müssen.

- **Arbeitsschritte**:
  Beschreiben Sie, welche Arbeitsschritte zur Lösung der Fachaufgabe erforderlich sind. Gliedern Sie ggf. die einzelnen Arbeitsschritte und benennen Sie diese. Stellen Sie diese in Ihrer zeitlichen oder sachlogischen Reihenfolge dar.
- **Informationen/Materialien**:
  Beschreiben Sie, welche Informationen und Materialien zur Bewältigung der Aufgabe erforderlich sind.
- **Zusammenarbeit mit anderen Abteilungen**:
  Stellen Sie dar, an welchen Punkten die Zusammenarbeit mit anderen Abteilungen notwendig ist. Hierbei können Sie auch durchaus auf Schnittstellenprobleme eingehen („die Informationen werden pünktlich benötigt, um den Arbeitsprozess fortsetzen zu können"). Benennen Sie die Kunden innerhalb des Betriebes, die Ihr Arbeitsergebnis benötigen. Beschreiben Sie Arbeitsprozesse, die vor oder nach dem Prozess ablaufen.
- **Ergebnis**:
  Verdeutlichen Sie das Ergebnis der Aufgabe.
- **Bewertung des Ergebnisses**:
  Beurteilen Sie, inwieweit die Ziele der Aufgabe erreicht werden. Welche Vor- und Nachteile hat die erarbeitete Lösung? Gibt es Ansatzpunkte für eine Verbesserung des Prozesses?

## 3.4.3 Formale Vorgaben

Die formalen Vorgaben werden nicht von jeder IHK vorgegeben, so dass die folgenden Angaben nur als Richtwerte dienen können:

**Äußere Form des Reports**

- Deckblatt mit Name, Prüflingsnummer, Ausbildungsbetrieb, Thema (wird bei der Seitenzahl nicht mitgezählt)
- Maximal 5 DIN-A4-Seiten (ggf. plus betriebliche Anlagen, insgesamt maximal 10 Seiten)
- Etwa 35 Zeilen pro Seite
- Etwa 90 Zeichen pro Zeile
- Zeilenabstand: 1,5-fach
- Schriftgröße: nicht unter 10 Punkt

Die äußere Form des Reports sollte dem allgemeinen Bürostandard entsprechen, d. h. es wird von Ihnen erwartet, dass Sie den Report mit einem Textverarbeitungsprogramm erstellen.
Bemühen Sie sich um ein ansprechendes Layout, das bei den Prüfern einen guten Eindruck hinterlässt. Dass die Blätter sauber und

knickfrei sein sollten, dürfte sich von selbst verstehen. Ihr Drucker sollte zudem ein gutes Druckbild aufweisen.

Die Blätter fügen Sie bitte in eine ordentliche Klemm- oder Heftmappe damit die Prüfer Ihren Report sicher und fest in der Hand halten können, ohne dass die Blätter herausfallen.
Aber bitte übertreiben Sie es bei der äußeren Form nicht, schließlich soll es bei der Prüfung nach wie vor um den Inhalt und nicht um die Form gehen.

### 3.4.4 Probleme und Lösungen

Bei der Anfertigung des Reports kann es zu verschiedenen Schwierigkeiten kommen. Hier nun eine Auswahl mit den entsprechenden Lösungstipps:

**Abnehmen?**

**Report ist zu lang:**

Wenn Sie sich tief in Ihr Thema eingearbeitet haben, kann es sehr gut sein, dass Sie wesentlich mehr Text produzieren als zulässig ist. Sofern es nur ein paar Zeilen sind, können Sie versuchen, über eine kleine Veränderung der Schriftgröße (z. B. 11 Punkt statt 12 Punkt) oder eine geringfügige Verringerung der Ränder mehr Platz für den Text zu schaffen.
Sollten Sie Abbildungen im Text platziert haben, könnten Sie prüfen, ob diese nicht in die Anlage ausgelagert werden könnten.
Wenn Sie weit über das 5-Seiten-Ziel hinausgeschossen sind, müssen Sie schlichtweg den gesamten Text überarbeiten und kürzen.

Folgende **Leitfragen** helfen Ihnen dabei:

- Gibt es unnötige Details, die nicht benötigt werden?
- Kann man bestimmte Sachverhalte sprachlich kompakter und damit kürzer darstellen?
- Können Sie sich Textelemente sparen in dem Sie stattdessen eine Zeichnung anfertigen?
- Gibt es Dinge, die Sie vielleicht in die Anlagen auslagern können (Zeichnungen, Abbildungen, Fotos)? Beachten Sie aber die 10-Seiten-Grenze.

**Etwas mager?**

**Report ist zu kurz:**

Vielleicht sind Sie ja ein Mensch, der nicht gerne viele Worte macht. Das kann ein durchaus sympathischer Zug sein. Wenn Ihr Report

aber allzu kurz ausfallen sollte, kann es gefährlich werden. Der Report muss inhaltlich das Thema präzise und vollständig darstellen. „Zu kurz" ist der Report dann, wenn er auf wichtige Aspekte nicht eingeht.
Die Ausbildungsverordnung gibt zwar keine Mindestseitenzahl an, aber bei zu kurzen Reporten könnte der Eindruck entstehen, dass Sie sich nicht intensiv genug mit Ihrem Thema auseinandergesetzt haben. Ihr Report wirkt dann ggf. oberflächlich oder unvollständig. Sofern es nur ein paar Zeilen sind, können Sie versuchen über eine kleine Veränderung der Schriftgröße (z. B. 12 Punkt statt 11 Punkt) oder eine Verbreiterung der Ränder den Platz für den Text zu verringern und damit quasi zu strecken.
Sollten diese mehr „kosmetischen" Hinweise nicht ausreichen, müssen Sie an dem Text und damit an Ihrem Thema erneut ansetzen.

Hier einige **Leitfragen**, die Ihnen helfen:

- Gibt es Bereiche die Sie noch darstellen können?
- Wie können Sie bestimmte Sachverhalte genauer und ausführlicher darstellen?
- Welche Aspekte lassen sich noch sinnvoll (!) ergänzen (wie z. B. Zeichnungen, Abbildungen, Fotos)?
- Gibt es Bereiche aus dem Kapitel 3.4.2 Struktur des Reports, die Sie bisher nicht bearbeitet haben?

**Regeln der Sprache beachten**

**Rechtschreibschwäche**:

Falls Sie Probleme mit der Rechtschreibung bzw. der deutschen Sprache haben, sollten Sie sich in diesem Bereich unbedingt helfen lassen. Sicherlich sind die Programmelemente zur Rechtschreib- und Grammatikkontrolle bei Textverarbeitungsprogrammen schon recht hilfreich, aber Sie sollten zusätzlich unbedingt sprachliche Könner mit dem Durchlesen Ihres Reportes beauftragen. Es ist immer sehr schade, wenn ein erstklassiger Inhalt durch eine drittklassige Form nicht zur Geltung kommen kann.

**Formulierungsprobleme**:

Die richtigen Formulierungen zu finden, ist nicht ganz einfach und erfordert einige Übung. Sie müssen nicht gleich im ersten Entwurf eine perfekte Formulierung entwickeln. Oft bleibt das Blatt leer, weil man sich selbst zu stark unter Druck setzt. Versuchen Sie zunächst einmal Ihre Gedanken einfach hinzuschreiben. In der weiteren Bearbeitung können Sie dann – vielleicht auch mit Hilfe anderer – an den Formulierungen feilen.

Bemühen Sie sich aber unbedingt darum, dass es wirklich Ihre Sprache ist. Prüfer können erstaunlich gut erkennen, ob eine Formulierung aus dem Schulbuch oder dem Lexikon stammt.

**PC-Probleme**:

Erfahrungsgemäß treten diese Probleme häufig dann auf, wenn es einem gar nicht passt: Die Tintenpatrone des Druckers ist verklebt, die Datei beschädigt, ein Virus hat den Rechner verseucht oder ein „schwerer Ausnahmefehler“ blockiert das Öffnen der Datei. Ersparen Sie sich den Stress indem Sie regelmäßig eine Sicherheitskopie anfertigen. Stellen Sie außerdem sicher, dass PC und Drucker immer einwandfrei funktionieren.

**Konstruktive Kritik einholen**

Die Abgabeversion Ihres Reportes sollten Sie abschließend von fachkundigen Personen lesen lassen. Bitten Sie stets um eine kritische Auseinandersetzung mit den Inhalten und der Form Ihres Reports. Der Korrekturleser sollte Ihnen konkrete Hinweise zur Verbesserung des Reports geben.

# 4. Anforderungen

## 4.1 Grundstruktur der Prüfung

Die Prüfung im „Einsatzgebiet“ trägt zu 30 % zum Gesamtergebnis der Prüfung bei. Hier muss mindestens die Note „ausreichend“ erreicht werden.

Basis der mündlichen Prüfung ist eine kurze schriftliche Darstellung des Prüfungsthemas im so genannten Report. Anhand dieser Abhandlung bereiten sich die Prüfer auf die mündliche Prüfung vor.

Die eigentliche Prüfung besteht aus zwei Teilen:

**1. Teil: Präsentation**
(vgl. § 9 Abs. 3 Nr. 4 der Ausbildungsordnung)

In einer 10 – 15-minütigen Präsentation stellen Sie Ihr Thema und die Ergebnisse Ihrer Fachaufgabe dar.
Der Ausbildungsbetrieb muss dem Auszubildenden geeignete praxisübliche Darstellungsmethoden vermitteln. Es sollte daher schon während der Ausbildung geübt werden, Sachverhalte, Abläufe und Ergebnisse aufzubereiten und zu präsentieren.

Welche Medien für die Präsentation der Fachaufgabe in der Prüfung verwendet werden, ist nicht vorgeschrieben. Die zuständige IHK wird deutlich machen, welche sie für die Prüfung zur Verfügung stellen kann. Für darüber hinausgehende Präsentationsmedien sind die Prüflinge selbst verantwortlich und müssen diese funktionsfähig mitbringen.

**prägnant präsentieren**

Für die Präsentation sind der **Aufbau und die inhaltliche Struktur**, die **sprachliche Gestaltung** und die **zielgruppengerechte Darstellung** entscheidend. Von Bedeutung ist, wie es dem Auszubildenden gelingt, die inhaltlichen Ausführungen prägnant, zielorientiert und überzeugend darzustellen.
Bei der Präsentation ist der Zeitrahmen zu beachten und einzuhalten. Andernfalls läuft der Prüfling Gefahr, dass der Prüfungsausschuss die Präsentation abbricht.
Grundsätzlich wird die Präsentation von den Mitgliedern des Prüfungsausschusses nicht unterbrochen. Im Ausnahmefall kann jedoch eine Unterbrechung erfolgen, wenn damit eine Hilfestellung für den Prüfling erreicht wird.

**2. Teil: Fachgespräch**
(vgl. § 9 Abs. 3 Nr. 4 der Ausbildungsordnung)

**Anschließend Fachgespräch**

Im anschließenden Fachgespräch, das ca. 15 – 20 Minuten beansprucht, werden Sie von den Prüfern befragt.
Dabei soll festgestellt werden, wie gut die präsentierte Fachaufgabe in einen Gesamtzusammenhang gestellt, Hintergründe erläutert und Ergebnisse bewertet werden können.
Vorrangig wird auf die in Report und Präsentation vorgestellte betriebliche Sachbearbeitungspraxis in dem speziellen Einsatzgebiet Bezug genommen. Insofern werden Fragen gestellt, die nicht durch schulisches Faktenwissen allein beantwortet werden können.

Präsentation und Fachgespräch werden mit einer Note bewertet. Eine Gewichtung der beiden Teilbereiche legt die Ausbildungsordnung nicht fest. Der jeweils zuständige Prüfungsausschuss beschließt daher diese Aufteilung. Das Fachgespräch wird aber zumeist stärker (z. B. 70 %) als die Präsentation (z. B. 30 %) gewichtet.

## 4.2 Allgemeine Anforderungen

Nach einer langen Vorbereitungsphase wurde 2002 der Beruf des Industriekaufmanns / der Industriekauffrau neu strukturiert. Die allgemeinen Anforderungen ergeben sich somit aus der neu gestalteten Ausbildungsordnung.
Bis dahin stand der abwicklungsorientierte Sachbearbeiter im Vordergrund. Durch vielfältige Veränderungen etwa bei den Marktbedingungen und in der Informationstechnologie musste dieses Berufsbild angepasst werden. Der Industriekaufmann/die Industriekauffrau wird nun als kundenorientierte/r Sachbearbeiter/in gesehen, der/die team- und prozessorientiert unter Nutzung aktueller Informations-, Kommunikations- und Medientechniken kundengerechte Problemlösungen erarbeitet.

**Kernpunkt Kundenorientierung**

In der mündlichen Prüfung ergibt sich somit die allgemeine Anforderung, diesem Idealbild weitgehend zu entsprechen.

## 4.3 Anforderungen und Besonderheiten des Prüfungsausschusses

Jeder Prüfungsausschuss hat so seine Besonderheiten. Allgemein besteht ein solcher Ausschuss aus mindestens drei Mitgliedern, wobei die Mitglieder für die Prüfungsgebiete sachkundig und für die Mitwirkung im Prüfungswesen geeignet sein müssen.
Zusammengesetzt ist der Prüfungsausschuss aus Beauftragten der Arbeitgeber und der Arbeitnehmer in gleicher Zahl sowie mindestens einem Lehrer einer berufsbildenden Schule. Mindestens zwei Drittel der Mitglieder müssen aber Beauftragte der Arbeitgeber und der Arbeitnehmer sein.

Unter diesen Voraussetzungen können Sie davon ausgehen, dass in den meisten Fällen schon Informationen zu Ihrem Prüfungsausschuss vorliegen.
Versuchen Sie die Mitglieder des Ausschusses sowie deren „normale“ Tätigkeit in Erfahrung zu bringen. Manchmal hilft es schon weiter, wenn man z. B. weiß, dass ein Einkäufer und eine Mitarbeiterin aus dem Personalbereich dabei sind. Solche Prüfer stellen erfahrungsgemäß gern Fragen zu „ihrem“ Fachgebiet, sofern sich Ansatzpunkte aus Präsentation oder dem Prüfungsgespräch ergeben.
Sprechen Sie unbedingt mit ehemaligen Prüflingen, um Hinweise auf Besonderheiten sowie zur Art und Weise der Fragestellungen der Prüfer zu erhalten. Immer wieder kommt es vor, dass Prüfer Lieblingsthemen haben.

**Lieblingsthemen der Prüfer?**

Finden sich in Ihrer Prüfung Möglichkeiten für die Prüfer diese Themen anzusprechen, sollten Sie sich entsprechend intensiv darauf vorbereiten.

Vorteilhaft ist bei der Prüfung, dass der Prüfungsausschuss die Details Ihrer Fachaufgabe nicht kennt. So haben Sie stets einen Informationsvorsprung.

## 4.4 Inhaltliche Anforderungen

> *Erfolg hat nur, wer etwas tut, während er auf den Erfolg wartet.*
>
> *Thomas Alva Edison*

Kern jeder mündlichen Prüfung ist das „sachlich richtige Wissen". Insofern lohnt es sich, seine Lernstrategie langfristig auszurichten. Was bereits für die schriftliche Prüfung verinnerlicht wurde, braucht man für die mündliche nur noch kurz zu aktivieren. Ein fundiertes Fachwissen ist die Grundvoraussetzung jeder erfolgreichen Prüfung!

Aus dem bisher skizzierten Rahmen ergeben sich eine Reihe von inhaltlichen Anforderungen, die für jedes Thema sehr speziell sein können.

Sie sollen dabei stets den Geschäfts- bzw. Wertschöpfungsprozess im Auge behalten und Probleme zwischen Unternehmensbereichen („Schnittstellen") erkennen. Berücksichtigen Sie dabei nicht nur die Abnehmer der Produkte und Leistungen, die sich außerhalb des Unternehmens befinden, sondern gleichzeitig den internen Kunden (Beispiel: eine andere Abteilung innerhalb des Unternehmens).

Diese Gesamtsicht drückt sich dann in folgenden Bewertungskriterien bzw. Fragen der Prüfer aus:

**Bewertungskriterien**

- Wurden Zusammenhänge richtig dargestellt und erläutert?
- Sind die Prozesse dargestellt worden?
- Wurden Vor- und Nachteile der Situation/Lösung erkannt?
- Wurden angemessene Lösungen für Probleme erkannt?
- Sind Fachbegriffe richtig verwendet worden?

## 4.5 Weitere Anforderungen

Natürlich steht die sachlich korrekte Darstellung in der Präsentation wie im Fachgespräch im Mittelpunkt der Prüfung. Gleichzeitig ergeben sich aber unterschiedliche Anforderungen an den Prüfling, die nicht in der Ausbildungs- oder Prüfungsordnung zu finden sind. Diese Anforderungen sind zudem sehr von den jeweiligen Prüfern abhängig.
Im Folgenden finden Sie eine Auswahl der wichtigsten Anforderungen.

### 4.5.1 Aufgeschlossenes Prüfungsverhalten

Die Prüfer freuen sich über ein aufgeschlossenes Verhalten in der Prüfung. Die Prüflinge zeigen dieses Verhalten indem Sie die Prüfungssituation ernst nehmen und sich aktiv beteiligen.

Sie sollten daher selbst bei schwierigen und problematischen Fragen eine aktive Haltung einnehmen und den Prüfern Ihr Wissen anbieten!

**Beispiel:**

Im Fachgespräch fällt Ihnen die passende Antwort auf eine Frage nicht ein.

Ungeschickt: „Weiß ich nicht."

Besser: „In unserem Betrieb haben wir dieses Problem in folgender Weise gelöst...."

„In meinem Betrieb habe ich das Problem zwar nicht kennen gelernt, es könnte aber mit Hilfe von ... gelöst werden."

**aktiv zuhören**
**aktiv antworten**

Vielleicht gelingt es Ihnen zusätzlich die nächste Frage des Prüfers schon zu erahnen und quasi vorab zu beantworten. Wichtige Voraussetzung: Genau zuhören; evtl. die Fragestellung durch Rückfragen klären.

**Beispiel:**

Prüfer: „Was wird unter einem zentralen Einkauf verstanden?"

Sie: „Bei einem zentralen Einkauf werden die Bedarfsmeldungen und die Beschaffungsaktivitäten unternehmensweit in einem Bereich zusammengefasst."

*Kommentar:* Eine *gute* Antwort, aber Sie könnten den Prüfern sicherlich noch von sich aus etwas anbieten.

Sie: „Bei einem zentralen Einkauf werden die Bedarfsmeldungen und die Beschaffungsaktivitäten unternehmensweit in einem Bereich zusammengefasst. Zentraler Vorteil sind die günstigeren Preise, die durch die größeren Einkaufsmengen erzielt werden können. Nachteilig könnten sich beispielsweise die Entfernung von der Bedarfsstelle oder die insgesamt längere Beschaffungsdauer auswirken."

**... und nicht zu knapp**

*Kommentar:* Eine *bessere* Antwort, da Sie nicht nur die Frage des Prüfers beantwortet haben, sondern gleichzeitig noch Ihr Wissen angeboten haben. Sie zeigen auf diese Weise nicht nur, dass Sie organisatorische Regelungen auch auf Ihre jeweiligen Vor- und Nachteile hin untersuchen können, sondern präsentieren gleichzeitig noch ein aufgeschlossenes Verhalten.

## 4.5.2 Sicheres Auftreten

Sicheres Auftreten bedeutet nicht das „Pokerface" zu zeigen oder „supercool" zu sein. Gehen Sie davon aus, dass die Prüfer Verständnis für Ihre Situation haben. Wenn Sie zunächst nervös sind, wird man Ihnen das nicht zur Last legen. Ein zu lässiges Auftreten hingegen könnte als Desinteresse gewertet werden.
Sie sollten jedoch mit dem, was Sie sagen, zugleich ausstrahlen, dass Sie sich Ihrer Sache sicher sind. Am besten ist es, wenn Sie sich von der Reaktion der Prüfer unabhängig machen. Sie sollten sich so sicher sein, dass Sie auf ein Nicken oder Kopfschütteln der Damen und Herren nicht angewiesen sind. Dieses gilt umso mehr, wenn die Prüfer aus Fachgebieten kommen, die sich nicht auf Ihr Prüfungsthema beziehen.

Vielleicht kennen Sie das bei sich selbst oder bei anderen – nach vielen Sätzen kommt ein „...glaub ich"; am Satzbeginn steht ein „vielleicht" oder es wird häufig der Konjunktiv verwendet („es könnte sein, dass..."). Solche Elemente strahlen keine große Sicherheit aus. Lassen Sie sich von anderen beobachten, welche Formulierungen Sie häufig verwenden, wenn Sie sich unsicher fühlen. Zur Kontrolle können Sie sich selbst mit Hilfe eines Diktiergerätes oder einer Videokamera aufnehmen.

**Wissenspolster beruhigt**

Klar – je größer das jeweilige Wissen ist, umso sicherer fühlen Sie sich. Voraussetzung für sicheres Auftreten ist daher ein solides Wissenspolster. Das wirkt besser als jede Sprachkosmetik!

> *Eine Investition in Wissen bringt noch immer die besten Zinsen.*
> *Benjamin Franklin*

## 4.5.3 Sprache

> Zum Thema Sprache sagte Václav Havel: „*Es kommt auf sie an. Es kommt überall auf sie an.*"

Auch in der Prüfung kommt es auf die sprachliche Gestaltung an. Bemühen Sie sich um eine treffende Wortwahl, um einen klar strukturierten Satzbau und eine sachliche Ausdrucksweise.

Vermeiden Sie unbedingt folgende Punkte:

- Ausgeprägte Jugendsprache ist nicht situationsgerecht und schafft möglicherweise Probleme. Sicher ist vieles „cool", „krass" oder „fett", aber leider müssen die Prüfer das wahrscheinlich erst kurz übersetzen. Lassen Sie sich am besten vorher einmal per Video aufnehmen oder fragen Sie Eltern oder Lehrer, was Sie in Ihrem Sprachverhalten verändern könnten.

**Fachvokabular sorgfältig anwenden**

- Verwenden Sie wenn möglich das entsprechende Fachvokabular. Gehen Sie damit besonders sorgfältig um, da die Fachsprache gewöhnlich wesentlich genauer als die Umgangssprache ist.

  Schlecht: „Die Finanzierung muss dann also mit gepumptem Geld gemacht werden."

  Besser: „Die Finanzierung erfolgt mit Hilfe von Fremdkapital."

- Vermeiden Sie unvollständige Sätze. Einige haben es sich zur Angewohnheit gemacht, Satzelemente einfach wegzulassen.

  Beispiel: „Die Finanzierung wird dann mit Fremdkapital, kann aber auch anders, ..."

  In der Umgangssprache werden viele Silben undeutlich ausgesprochen oder gar verschluckt. Bemühen Sie sich um einen guten „Stil" in dieser Hinsicht.

- Vermeiden Sie so genannte Urlaute (z. B. Ähhhh), die die Zuhörer stören. Urlaute entstehen häufig aus dem Irrglauben, dass man beim Sprechen keine Pause einlegen darf. Somit helfen sie unangenehme Pausen zu unterdrücken und schaffen gleichzeitig Zeit zum Nachdenken.
  Nichts ist jedoch wirkungsvoller als eine kleine Pause. Sie müssen nicht die ganze Zeit reden! Eine Pause strukturiert Ihren Vortrag und verschafft den Prüfern einen kleinen Zeitraum zur Verarbeitung des eben Gehörten.

**kleine Pausen zum Nachdenken**

- Versuchen Sie nicht krampfhaft hochgestochen zu sprechen. Solch affektiertes Sprechen und Verhalten wirkt unnatürlich.

- Sofern Sie „dialektgefärbt" sprechen: Verleugnen Sie nicht Ihren Dialekt, auch wenn Sie die Prüfung in einem entfernt gelegenen Kammerbezirk ablegen. Bitte bemühen Sie sich aber um eine auch in dieser Hinsicht verständliche Präsentation.

- Durch die Wortwahl werden dem Zuhörer viele Signale übermittelt. Vermeiden Sie daher Floskeln, die nicht besonders aussagekräftig sind, wie z. B. „ich würde sagen" oder Wörter, die Unsicherheit ausdrücken. Diese Worte werden auch „Selbstmordwörter" genannt, da hierdurch eine Art „verbaler Selbstmord" ausgelöst wird. Solch inhaltsleere Füllwörter sind z. B. „irgendwie", „jetzt hier", „also", „eigentlich", „eventuell".

- Vermeiden Sie negative Formulierungen und versuchen Sie, möglichst positive Formulierungen zu finden. Beobachten Sie am besten Interviews mit Politikern und Managern, die das oft sehr gut beherrschen.

**Formulieren Sie positiv!**

**Beispiele:**

| Eher negativ | Eher positiv |
|---|---|
| Konkurrenz | Mitbewerber |
| Halb leer | Halb voll |
| Reklame | Werbung |
| Problem | Herausforderung |

- Achten Sie auch darauf, dass Ihre Sätze nicht zu lang werden (ca. 10 – 15 Wörter pro Satz). Diese Kürze und Prägnanz erhöht das Verständnis seitens der Zuhörer. Bemühen Sie sich gleichzeitig jeweils um einen Bezug der Sätze untereinander, so dass das Zuhören erleichtert wird.

**Arbeitsauftrag:**

Zur Überprüfung des Sprachverhaltens bietet sich die Aufzeichnung mit Hilfe eines Diktiergerätes oder einer Videokamera an. Wählen Sie dafür ein fachbezogenes Thema und überprüfen Sie im Anschluss an die Aufzeichnung kritisch Ihr Sprachverhalten anhand der oben genannten Kriterien.

## 4.5.4 Nonverbale Elemente

Sie können bei Ihrer Präsentation und Ihrem Fachgespräch durch den gezielten Einsatz nonverbaler Elemente zusätzliche „Punkte" sammeln.
Nonverbale Elemente sind alle nicht-sprachlichen Signale, die Sie abgeben.
Das gesprochene Wort gilt als Ausdruck Ihrer Gedanken. Bei Ihrer Körpersprache kommen Ihre Gefühle zum Ausdruck.

**Kleidung:**

„Kleider machen Leute" – wahrscheinlich haben Sie das schon häufiger gehört. Bitte ziehen Sie nun nicht gleich zum nächsten Laden, um sich mit Designer-Kleidung zu versorgen. Festgelegte Regeln für die richtige Kleidung gibt es zwar nicht, aber Sie können davon ausgehen, dass Prüfer mit zerrissener und schmutziger Kleidung Probleme haben werden. Selbst wenn Sie nach einem aktuellen Modetrend gekleidet sein sollten, sollten Sie sich besser umorientieren und eher etwas Konservatives auswählen.
Dabei geht es nicht um Mode oder den persönlichen Geschmack, sondern vielmehr um die Frage, welchen Gesamteindruck Sie hinterlassen wollen. Bewusst werden die Prüfer wahrscheinlich nicht die Einhaltung einer bestimmten Kleiderordnung erwarten, unbewusst wird jedoch eine Verbindung zwischen dem äußeren Erscheinungsbild und Ihrer Kompetenz und Grundhaltung hergestellt.
Wenn Sie sich in formeller Kleidung allerdings wie in einem Karnevalskostüm fühlen, sollten Sie diese Kleidung vor der Prüfung öfter tragen, um sich daran zu gewöhnen. Kleiderfragen dürfen Sie in der Prüfung nicht belasten!
Bei den Damen: Sicherlich lässt sich der eine oder andere Prüfer durch tief ausgeschnittene Blusen und sehr kurze Röcke ablenken, aber wollen Sie nicht lieber mit Ihrem Wissen beeindrucken?
Im Sommer sollten Sie kurze Hosen, T-Shirts mit Spaghettiträgern, Sandalen o. ä. meiden und einen Kleidungsstil bevorzugen, der „business like" ist.

**Blickkontakt:**

**Sehen Sie die Prüfer an!**

Sie kennen das Spiel aus der Schule – sobald Schüler die Frage eines Lehrers nicht beantworten können, sehen sie weg, kritzeln in ihr Heft oder Ähnliches. Wer die Frage beantworten kann, sucht hingegen den Blick des Lehrers. Sehen Sie daher die Prüfer an!
Bemühen Sie sich ebenso regelmäßig alle Prüfer einmal anzusehen (sonst ist jemand noch beleidigt). Beginnen Sie am besten einen „Sympathieträger" anzusehen und weiten Sie von dort den Blick auf alle anderen Prüfer aus. So schaffen Sie für sich gleich eine positive Grundstimmung.

**Mimik/Gestik:**

Ihr Gesichtsausdruck und Ihre Körperhaltung tragen zum Gesamteindruck bei. Überprüfen Sie bitte einmal, welche Besonderheiten es bei Ihnen gibt. Fragen Sie hierzu am besten einige Bekannte, die Ihre Marotten sicherlich kennen. Hier einige typische Verhaltensweisen in Stresssituationen:

- Völlig verkrampfte Haltung im Sitzen oder Stehen.
- „Nesteln" an Haaren oder anderen Körperteilen.
- Kugelschreiberklicken
- Ständiges Hin- und Herwippen
- Auf- und Abgehen

Wenn Sie Ihre Aussagen mit den Händen in sparsamen Gesten unterstützen wollen, sollten Sie dieses im Bereich des Oberkörpers einsetzen. Das wirkt positiver als unterhalb der Gürtellinie.

**Körperhaltung:**

Durch die Körperhaltung können Sie insbesondere Selbstsicherheit ausdrücken. Ein fester und sicherer Stand sowie eine gerade, den Zuhörern zugewandte Haltung sind hierfür günstig. Zeigen Sie so, dass Sie mit „beiden Beinen im Leben stehen".
Eine aufrechte Haltung signalisiert gleichzeitig eine innere Haltung, nämlich Selbstbewusstsein. Zusätzlich sollten Sie darauf achten, dass Ihre Hände nicht ständig in der Tasche bleiben.
Beim Sitzen sollten Sie Ihren Oberkörper etwas vorneigen – das signalisiert Aufmerksamkeit und Teilnahmebereitschaft.

**Stimme:**

Ihre Stimme stellt ein wichtiges „Werkzeug" dar. Durch eine angemessene Lautstärke stellen Sie sicher, dass jeder im Raum Ihre

Ausführungen hören kann. Vielleicht schaffen Sie es ja zusätzlich die Lautstärke oder Stimmlage zu verändern – das kann den Vortrag spannender machen.

**Stimmkontrolle per Diktiergerät**

Ihre Sprechgeschwindigkeit sollte weder zu schnell noch zu langsam sein. Zu schnelles Sprechen führt dazu, dass man Ihnen nicht mehr folgen kann. Zu langsames Sprechen erzeugt häufig Langeweile. Zur Orientierung sollten Sie sich Nachrichtensprecher ansehen bzw. anhören. Zur eigenen Stimmkontrolle nehmen Sie Ihre Stimme z. B. mit einem Diktiergerät auf.

## 4.6 Bewertungskriterien

Nach welchen Kriterien werden Sie bewertet? Die folgende Bewertungstabelle erleichtert den Prüfern die Bewertung von Prüfungsleistungen:

Bewertungsschema für die Präsentation

| Note | 1 | 2 | 3 | 4 | 5 | 6 |
|---|---|---|---|---|---|---|
| **Punkte** | 100-92 | 91-81 | 80-67 | 66-50 | 49-30 | 29-0 |
| **Aufbau und inhaltliche Struktur**<br>– Sachliche Gliederung<br>– Logik<br>– Zielorientierung | optimal angepasste Gliederung und logisch richtige Darstellung, streng zielorientiert | zweckmäßige Gliederung und logisch richtige Darstellung, zielorientiert | sinnvolle, jedoch nicht optimale Gliederung, Darstellung im Allgemeinen logisch, Zielorientierung vorhanden | umständlich, leichte Fehler in der logischen Darstellung, Zielorientierung erkennbar | sinnvolle Gliederung kaum erkennbar, teilweise logische Fehler, Zielorientierung kaum erkennbar | unsystematisch, unlogisch, zufällige Aneinanderreihung von Fakten, keine Zielorientierung |
| **Sprachliche Gestaltung**<br>– Ausdrucksweise<br>– Satzbau<br>– Stil | Ausdrucksweise, Satzbau und Stil vorbildlich | einwandfreie Ausdrucksweise, guter Satzbau und Stil | Ausdrucksweise weitgehend passend, meist richtiger Satzbau, flüssiger Stil | leichte Schwächen in der Ausdrucksweise, Satzbau teilweise fehlerhaft, teilweise stilistische Fehler | erhebliche Schwächen in der Ausdrucksweise, grobe Fehler im Satzbau, erhebliche stilistische Fehler | unverständliche Ausdrucksweise, grobe Fehler im Satzbau, geringer Wortschatz |
| **Zielgruppengerechte Darstellung**<br>– Visualisierung,<br>– Körpersprache | durchgängig situationsgerecht, prägnant, immer optimal zum Inhalt passend | situationsgerecht prägnant und dem Inhalt angemessen | überwiegend situationsgerecht, meist passend zum Inhalt | im Allgemeinen nicht situationsgerecht oder schlecht zum Inhalt passend, aber trotzdem verständlich | im Allgemeinen nicht situationsgerecht oder schlecht zum Inhalt passend, so dass die Verständlichkeit leidet | Visualisierung falsch oder fehlend, verwirrende unangemessene Darstellung |

Quelle: IHK Nordwestfalen, 2004

Wie Sie sehen, werden bei der Bewertung nicht nur Aufbau und die inhaltliche Strukturierung der Präsentation beurteilt, sondern gleichzeitig die sprachliche Gestaltung und Darstellung der Inhalte.

Für die Bewertung des Fachgespräches besteht ebenfalls ein entsprechendes Schema:

| Note | 1 | 2 | 3 | 4 | 5 | 6 |
|---|---|---|---|---|---|---|
| **Punkte** | **100-92** | **91-81** | **80-67** | **66-50** | **49-30** | **29-0** |
| **Beherrschung des für die Fachaufgabe relevanten Fachhintergrundes** | wird sicher und überzeugend beherrscht | wird beherrscht | wird im Allgemeinen beherrscht | wird im Allgemeinen beherrscht, wenige Zusammenhänge werden aber falsch oder nicht erkannt | wird nicht sicher beherrscht, Zusammenhänge werden oft falsch oder nicht erkannt | Zusammenhänge werden im Allgemeinen nicht oder falsch erkannt |
| **Einordnung der Fachaufgabe in Gesamtzusammenhänge** | erfolgt selbstständig und sicher | erfolgt sicher | erfolgt fast immer richtig | erfolgt im Allgemeinen richtig | selbst einfache Gesamtzusammenhänge werden nicht immer richtig gesehen | selbst einfache Gesamtzusammenhänge werden nicht gesehen |
| **Erläuterung von Hintergründen** | fachliche Argumente und Begründungen werden immer richtig und überzeugend vorgetragen | fachliche Argumente und Begründungen werden sicher und richtig vorgetragen | fachliche Argumente und Begründungen werden richtig und überwiegend angemessen vorgetragen | fachliche Argumente und Begründungen werden zwar meist richtig, aber oft unangemessen vorgetragen | fachliche Argumente und Begründungen werden nur teilweise richtig und umständlich oder unangemessen vorgetragen | fachliche Argumente und Begründungen werden meist falsch, nicht oder unangemessen vorgetragen |
| **Bewertung der Ergebnisse** | Ergebnisse werden fachlich überzeugend dargestellt | Ergebnisse werden fachlich einwandfrei dargestellt | Ergebnisse werden meist fachlich angemessen dargestellt | Ergebnisse werden fachlich im Allgemeinen richtig dargestellt | die fachliche Darstellung der Ergebnisse überzeugt im Allgemeinen nicht | Ergebnisse können nicht fachlich einwandfrei dargestellt werden |

Quelle: IHK Nordwestfalen, 2004

# 5. Inhaltliche Vorbereitung

Den Grundstein für eine erfolgreiche Prüfung im Einsatzgebiet haben Sie bereits mit einer soliden Vorbereitung auf die schriftliche Prüfung gelegt. Insofern wird vorausgesetzt, dass Sie sich das fachliche Wissen bereits bis zu Ihrer schriftlichen Prüfung angeeignet haben.
Ergänzend zu diesem Basiswissen gelten einige inhaltliche Besonderheiten für die mündliche Prüfung.

## 5.1 Unternehmensbezogene Inhalte

Die mündliche Prüfung hat den Charakter einer praktischen Prüfung. Durch den Bezug zu Ihrem Einsatzgebiet können selbstverständlich Fragen rund um Ihren Ausbildungsbetrieb gestellt werden. Der große Vorteil hierbei ist, dass Sie Ihr Unternehmen besser kennen als die Prüfer.
Dabei sollten Sie grundlegend etwas über die Geschichte, die Organisationsstruktur, wesentliche Zahlen (z. B. Anzahl der Mitarbeiter), das Produktionsprogramm, die Kunden, die Standortfaktoren oder die Rechtsform Ihres Ausbildungsbetriebes (u. a. Organe, Gesellschafter) sagen können. Verlieren Sie sich aber bitte nicht in Details, sondern bewahren Sie sich den Blick für das Ganze.

**Kurzprofil des Ausbildungsunternehmens erstellen**

**Arbeitsauftrag:**

Stellen Sie grundlegende Informationen zu Ihrem Unternehmen auf einer DIN A4 Seite zusammen.

## 5.2 Aktuelle Themen

Gewöhnen Sie sich am besten an, regelmäßig aktuelle politische und wirtschaftliche Nachrichten zu verfolgen. Nichts ist überzeugender als wenn Sie bei Ihren Ausführungen und Antworten auf aktuelle Ereignisse Bezug nehmen können.
Für eine gute Orientierung sind seriöse Fernseh- oder Radionachrichten sowie der Wirtschaftsteil der Tageszeitung ausreichend. Empfehlenswert ist darüber hinaus das Lesen des Wirtschaftsteils einer überregionalen Tageszeitung.

**Arbeitsauftrag:**

Identifizieren Sie in einer Vorbereitungsgruppe gemeinsam die wichtigsten Themen. Teilen Sie die Themen dann zur weiteren Bearbeitung auf einzelne Arbeitsgruppen auf. Die Arbeitsgruppen erstellen für die Themen eine selbst formulierte Zusammenfassung, die abschließend an alle Teilnehmer verteilt wird.

## 5.3 Geschäftsprozesse

Ein Geschäftsprozess stellt in der Betriebswirtschaftslehre eine Folge von Tätigkeiten dar, die logisch und zeitlich zusammengehören. Dabei handelt es sich um weitgehend standardisierbare Routineaufgaben des Unternehmens.
Der Einkauf von Rohstoffen stellt beispielsweise einen Geschäftsprozess dar. Von der Bedarfsmeldung bis zum Eintreffen der Ware gibt es eine Vielzahl von Tätigkeiten, Informationen und Personen, die zusammenwirken.
Geschäftsprozesse sind die Basis der betrieblichen Wertschöpfung. Sie sollen fehlerfrei, kostengünstig und zeitgerecht ablaufen und zielen letztlich auf die Zufriedenheit interner und externer Kunden.

Im Sinne dieser Geschäftsprozessorientierung sollte Ihre Präsentation eine bereichsübergreifende Betrachtung beinhalten, die neben der Zielorientierung ein Kosten-Nutzen-Denken aufzeigt und gleichzeitig einen Bezug zu den internen wie externen Kunden herstellt.

Geschäftsprozesse lassen sich unterschiedlich grafisch darstellen. Nachstehend finden Sie beispielhaft einige typische Darstellungsformen:

**Beispiel 1: Darstellung einer Auswahl von Prozessen zum Thema „Abwicklung eines Kundenauftrages“**

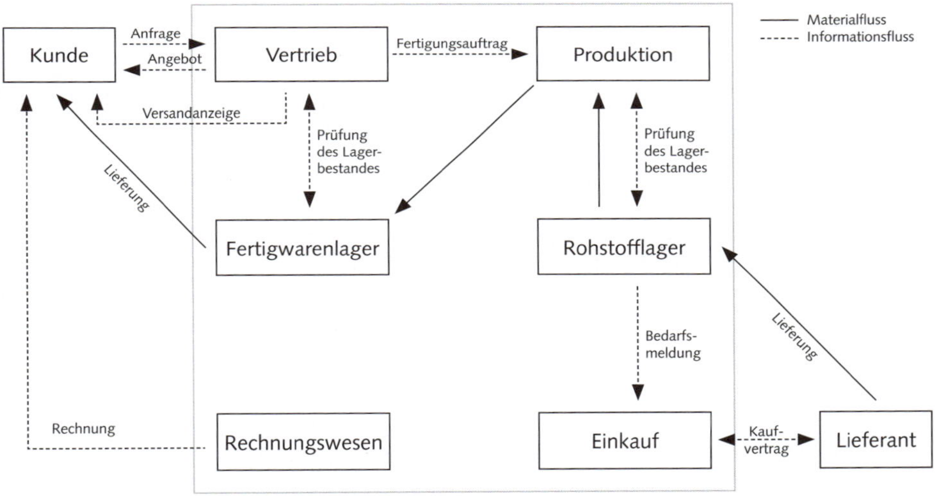


**Beispiel 2: Darstellung einer Auswahl von Prozessen zum Thema „Abwicklung eines Kundenauftrages“**

**Beispiel 3: Darstellung einer Auswahl von Prozessen zum Thema „Reklamationsmanagement" (vgl. IHK Abschlussprüfung Sommer 2004)**

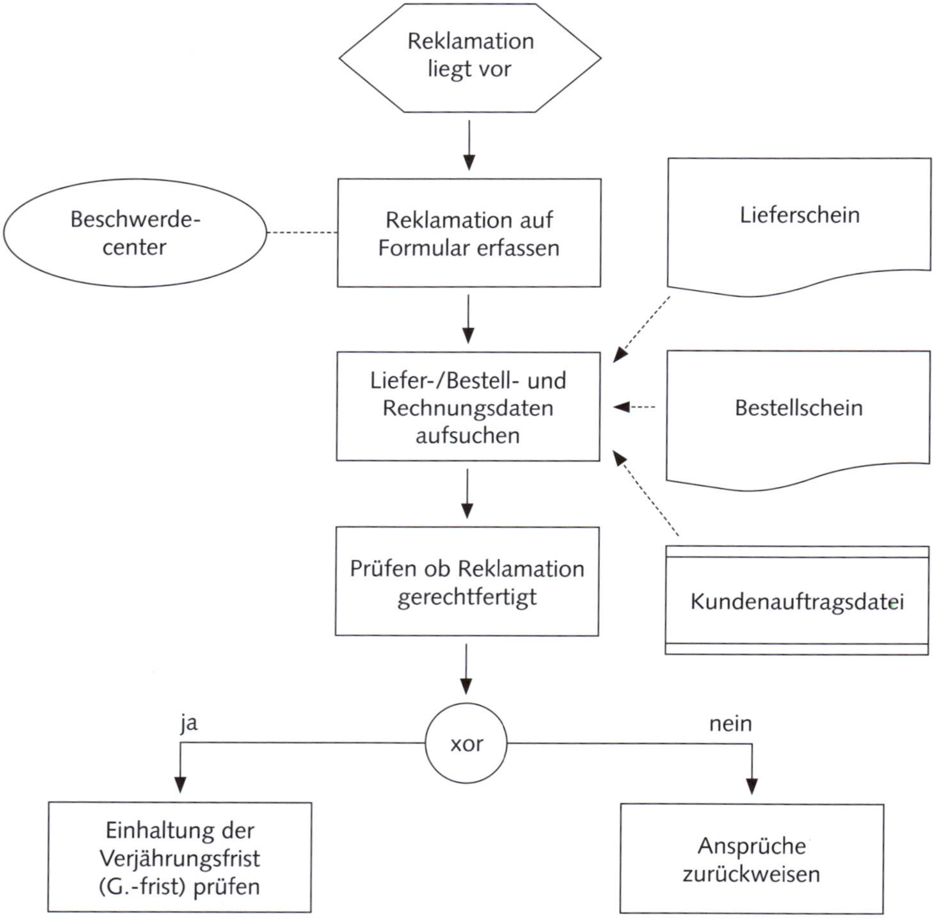


**Arbeitsauftrag:**

**Grafische Darstellung des Geschäftsablaufes Ihres Themas erstellen**

Stellen Sie den speziellen Geschäftsprozess dar, der im Rahmen Ihrer Themenstellung abläuft. Integrieren Sie auch vor- und nachgelagerte Geschäftsprozesse.

## 5.4 Basisbegriffe

Zu jedem Bereich der Ausbildung bzw. zu jedem Thema haben Sie eine Reihe von Basisbegriffen kennen gelernt.

Diese Basisbegriffe sollten Sie unbedingt beherrschen. Nichts ist peinlicher als in der Präsentation mehrfach den Begriff „Kosten" zu verwenden, ohne den Begriff erläutern zu können.

Welche Basisbegriffe Sie parat haben sollten (am besten natürlich alle) hängt logischerweise stark von Ihrem Thema ab.

**Arbeitsauftrag:**

1. Markieren Sie in Ihrer Stoffsammlung mit einem farbigen Stift alle Basisbegriffe und erstellen Sie dazu eine alphabetisch geordnete Liste mit Definitionen.
   Gehen Sie diese Liste wiederholt durch, indem Sie sich von Kollegen abfragen lassen.

2. Erläutern Sie folgende Begriffe und betriebswirtschaftlichen Zusammenhänge:
   - Auszahlung/Ausgabe/Aufwand/Kosten
   - Betriebswirtschaftliche Kennziffern, u. a. Rentabilität, Wirtschaftlichkeit, Produktivität, Liquidität
   - Abschreibungskreislauf
   - Controlling
   - Optimale Losgröße
   - E-Commerce
   - Beschäftigungsgrad
   - Fixkostendegression
   - Risiken im Exportgeschäft
   - Wertschöpfung

Vergleichen Sie anschließend Ihre Definitionen mit den Ausführungen in Ihrem Lehrbuch. Informieren Sie sich darüber, welche grundlegende Fachliteratur es als Nachschlagewerke gibt.

# 6. Präsentation vorbereiten und üben

Übung macht den Meister – gemäß diesem Motto sollten Sie Ihre Präsentation unbedingt üben. Sofern Sie etwas schüchterner sein sollten, können Sie die Präsentation zunächst zu Hause vor Ihrem Spiegel oder Ihrem Haustier halten. Besser sind jedoch Übungen vor menschlichem Publikum, das idealerweise sogar etwas von Ihrem Thema oder wirtschaftlichen Zusammenhängen versteht.

**Kamera hilft beim Proben**

Noch mehr Spaß macht es, die Präsentationen gemeinsam mit anderen Auszubildenden zu üben und auszuwerten. Besonders hilfreich ist eine Videoaufzeichnung der Präsentation, so dass hinterher ein „äußerer" Blick auf die eigene Präsentation möglich wird. Dies ermöglicht oft verblüffende Einsichten in Eigenschaften der eigenen Person, die einem vorher noch unbekannt waren!

Versuchen Sie nicht andere Menschen zu kopieren. Jeder Mensch ist einzigartig – Sie selbst auch!

## 6.1 Präsentation vorbereiten

Auf der Grundlage Ihres Reports bereiten Sie sich auf Ihre Präsentation vor. Im Anschluss an die inhaltliche Strukturierung der Präsentation befassen Sie sich mit der praktischen Umsetzung Ihrer Präsentationsideen.

### 6.1.1 Inhaltliche Struktur

Die inhaltliche Struktur der Präsentation kann der Darstellung im Report folgen. Sofern Sie sich in der Zeit zwischen der Abgabe des Reports und der mündlichen Prüfung zu einer veränderten Darstellung entschieden haben, können Sie durchaus von der Struktur Ihres Reports abweichen. Da der Report nicht bewertet wird, ist die Bewertung nur von der Darstellung in der Präsentation abhängig.

Zu Beginn der Präsentation, in der Einleitung, sollten Sie Ihre Aufgabe und die Einbindung der Aufgabe in den Abteilungszusammenhang kurz erläutern. Geben Sie in diesem **ersten Teil** der Präsentation nur einen Überblick. Die Details stellen Sie erst später dar.

Im **zweiten Teil** der Präsentation erläutern Sie detailliert Ihre Fachaufgabe. Stellen Sie in einer sinnvollen Reihenfolge Arbeitsschritte, Materialien sowie die Kooperation mit anderen Abteilungen dar.

Der **dritte Teil** der Präsentation beinhaltet das Ergebnis und dessen Bewertung. Geben Sie zum Abschluss noch einen kurzen zusammenfassenden Überblick über die gesamte Fachaufgabe.

### 6.1.2 Manuskript

Fernsehmoderatoren oder Redner halten oft Notizen in der Hand. Ob vollständige DIN A4 Seiten oder nur kleine Karteikarten – die Funktion dieser Merkhilfen liegt darin zu beruhigen und Sicherheit zu gewinnen, falls man einmal den „roten Faden" verlieren sollte. Erstellen Sie sich zur Präsentation ein solches „Manuskript". Sorgen Sie dafür, dass Sie dieses Hilfsmittel zweckmäßig benutzen können:

**Manuskript – ein Gerüst zum Festhalten!**

- Schreiben Sie alles gut lesbar auf.
- Sparen Sie nicht mit Papier und lassen Sie jeweils genug Platz zwischen dem Text.
- Nummerieren Sie die einzelnen Seiten.
- Machen Sie sich Stichpunkte und formulieren Sie ganze Sätze nur für bestimmte Fälle (z. B. Beginnsätze, Zitate) aus.
- Verwenden Sie Ihre Notizen bei Ihren „Probeauftritten".

### 6.1.3 Präsentationsmittel

Erkundigen Sie sich vorab, welche Medien Ihr Prüfungsausschuss zur Verfügung stellt.
Sofern darüber hinaus andere Präsentationsmittel eingesetzt werden sollen, müssen diese funktionsfähig zur Prüfung mitgebracht und in Betrieb genommen werden.
Die geplanten Präsentationsmittel müssen bei Abgabe des Reports dem Prüfungsausschuss angegeben werden.
Es ergeben sich keinerlei Ansprüche, sofern Präsentationsmittel fehlen oder defekt sein sollten. Sie können aber davon ausgehen, dass der Prüfungsausschuss Ihnen die ausgewählten Mittel zur Verfügung stellt.

Grundsätzlich ist es üblich, dass Sie sämtliche Materialien vorbereitet mitbringen und nicht erst während der Präsentation entwickeln.

Die Entscheidung, welche Präsentationsmedien Sie einsetzen, hängt von verschiedenen Faktoren ab. Neben der Zulässigkeit sollten Sie Ihre persönlichen Vorlieben oder Erfahrungen berücksichtigen. Wer schon einmal mit einem Tageslichtprojektor präsentiert hat und dabei Schwierigkeiten gehabt hat, der sollte über eine Präsentation mit einem Flipchart oder mit einer Pinnwand nachdenken.

Hier ein paar spezielle **Tipps** zu verschiedenen Präsentationsmedien:

**zuhörer-orientiert präsentieren**

**Pinnwand/Flipchart/Tafel:**

- Sprechen Sie nie zu Pinnwand, Flipchart oder Tafel. Wenden Sie sich den Prüfern zu.
- Stellen Sie sich neben Pinnwand, Flipchart oder Tafel und deuten Sie auf Punkte mit der Hand, die der Tafel zugewandt ist.
- Benutzen Sie zum Zeigen Ihre Hand.

**Overhead-Projektor:**

- Überprüfen Sie, ob das Gerät funktioniert.
- Stellen Sie das Gerät ggf. scharf ein und richten Sie den Spiegel so aus, dass das Folienbild gut erkennbar ist.
- Stehen Sie nicht im Bild.
- Zeigen Sie immer auf die Folie und nicht auf die Wand. Als „Zeiger" eignet sich z. B. ein Kugelschreiber oder Folienstift.
- Lassen Sie Ihren Zeiger auf der Folie liegen, wenn Sie über den betreffenden Punkt sprechen.
- Für den Fall, dass Sie etwas auf der Folie ergänzen möchten, sollten Sie einen wasserlöslichen Folienstift benutzen. Falls Sie sich einmal verschreiben sollten, können Sie das Geschriebene wieder entfernen.

**PC-Präsentation:**

Eine Präsentation mit Hilfe eines PC oder eines Notebook ist eine übliche und praxisgerechte Form der Darstellung. Dennoch lassen einige Prüfungsausschüsse keine PC-Präsentationen zu. Hierfür werden z. B. folgende Gründe genannt:

1. Gerade bei diesem Medium kann es eine Reihe von technischen Problemen geben, die den Prüfungsablauf behindern können. Ob ein Absturz des Betriebssystems, die nicht-kompatible Programmversion oder Probleme mit dem Beamer („no signal") – für Laien ist das Vorhersehen von Problemen nur schwerlich möglich.

2. Sofern die Technik selbst mitgebracht wird, verzögert das Auf- und Abbauen der Technik den Prüfungsablauf zu stark.

3. Die Gefahr der „Effekthascherei" ist relativ groß: Ob durch übertriebene Animationen, die gestylte Oberfläche oder bestimmte Soundeffekte – es besteht die Gefahr, dass die Ablenkung von den Inhalten zu stark ist. Bei der Vorbereitung der

Prüfung sollte der Prüfling sich vielmehr auf die Inhalte konzentrieren und nicht nur seine Kenntnisse im Umgang mit dem Präsentationsprogramm optimieren.

Informieren Sie sich daher unbedingt vor der Gestaltung einer PC-Präsentation, ob Ihr Prüfungsausschuss PC-gestützte Präsentationen zulässt. Falls diese Art der Präsentation zugelassen ist, sollten Sie folgende Hinweise berücksichtigen:

- Konzentrieren Sie sich auf die Inhalte und wählen Sie spezielle Effekte (Animationen, Sound) sorgfältig aus. Weniger ist hier mehr!

**Technik vorher ausprobieren**

- Überprüfen Sie alle technischen Elemente Ihrer Präsentation. Führen Sie unbedingt eine Generalprobe durch, um das Starten der Hard- und Software sicher zu stellen.
  Hier einige Leitfragen, mit denen sich viele technische Probleme vermeiden lassen:
  - Mit welcher Version des Präsentationsprogramms erstellen Sie die Präsentation? Sofern Ihnen ein Rechner gestellt wird, sollten Sie in Erfahrung bringen, ob Ihr Präsentationsprogramm auf diesem Rechner installiert ist und wie Ihre Präsentation erfolgreich auf den Prüfungsrechner übertragen werden kann (z. B. CD, USB-Stick). Stellen Sie sicher, dass die Versionen der Präsentationsprogramme hinreichend kompatibel sind.
  - Bringen Sie in Erfahrung, wie der Beamer angeschlossen und gestartet wird.
  - Wenn Sie ein eigenes Notebook mitbringen, sollten Sie überprüfen, ob die Darstellung mit dem vorhandenen Beamer funktioniert.
  - Sofern Sie eine Funkmaus verwenden möchten, sollten Sie vorab das Zusammenspiel mit den anderen Komponenten testen. Nehmen Sie passende Ersatzbatterien für die Maus mit.
  - Wenn Sie Notebook und Beamer mitbringen, sollten Sie den kompletten Aufbau geübt haben. Bringen Sie vorsichtshalber Verlängerungskabel bzw. Mehrfachsteckdosen mit.
    Durch das Mitbringen der gesamten Technik haben Sie den Vorteil, dass Sie alles „im Griff" haben.
  - Machen Sie sich mit dem Beamer vertraut: Scharfstellung, Stand-By-Funktion etc.
  - Schalten Sie den Bildschirmschoner und Batteriesparmodus an dem Präsentationsrechner aus, damit Sie unterbrechungsfrei präsentieren können.

## 6.1.4 Visualisierung von Inhalten

**Bilder erhellen Sachverhalte**

Ein Bild sagt mehr als 1000 Worte – das wussten schon die alten Chinesen. Getreu diesem Motto sollten Sie über eine Umsetzung Ihrer Inhalte in bildhafte Darstellungen nachdenken.
Eine unübersehbare Fülle von Zahlen, Daten und Fakten kann z. B. in aussagekräftige, leicht verständliche Bilder übersetzt werden.

Die visuelle Darstellung ist dabei keinesfalls ein Ersatz für das gesprochene Wort. Vielmehr lässt sich durch Visualisierungen der Redeaufwand verkürzen, Informationen werden zudem leichter erfassbar und begreifbar. Gleichzeitig kann das Wesentliche verdeutlicht werden und die Aufmerksamkeit der Zuhörer erhöht sich.

**Gestaltung der Folien**

Da zur Visualisierung häufig Folien (Overhead-Folien oder Folien eines Präsentationsprogramms) eingesetzt werden, sollten Sie bei deren Gestaltung folgende Hinweise berücksichtigen:

- Entwickeln Sie für alle Folien ein einheitliches Layout. Das macht einen guten Eindruck und erleichtert die Informationsaufnahme.

- Verwenden Sie höchstens drei Farben in Ihren Folien. Zuviel Farbe verwirrt und führt zu einem Flimmereffekt.

- Vermeiden Sie ungünstige Farbkontraste (z. B. rote Schrift auf dunkelblauem Hintergrund) oder ungünstige Hintergrundbilder. Verwenden Sie auf hellen Hintergründen eher dunkle Schriftfarben, während Sie bei dunklen Hintergründen eher helle Schriftfarben einsetzen.

- Heben Sie wichtige Punkte durch Umrahmung, Unterstreichung o. ä. hervor.

- Vermeiden Sie unnötige – den Lesern unbekannte – Abkürzungen. Schreiben Sie alles, wenn möglich, aus (außer natürlich den im Sprachgebrauch gängigsten Abkürzungen).

- Verwenden Sie eine gut leserliche Schriftart (z. B. Arial) und beachten Sie, dass die Schriftgröße mindestens 16 Pt. beträgt. Oft wird eine viel zu kleine Schrift genommen, die aus der Entfernung nicht mehr lesbar ist. Vermeiden Sie zu große Zeichenformatierungen mit einer Schriftgröße von z. B. 60 Pt., die den Zuschauer optisch „erschlagen".
  Verwenden Sie Handschrift nur, wenn sie deutlich lesbar ist.

- Beschränken Sie die Anzahl der Folien. Eine zu große Anzahl von Folien führt zu hektischem Wechsel.

- Sofern Sie mehrere Folien einsetzen, sollten Sie diese nummerieren, damit Sie nicht durcheinander kommen und die Prüfer ggf. auf die Foliennummer Bezug nehmen können.

- Ganz wichtig – weniger ist mehr! Sie sollten die Folien keinesfalls mit Informationen überfrachten, sondern nur die wichtigsten Stichpunkte aufnehmen. Sparsame Darstellungen wirken klarer und sind verständlicher.
  Um Übersichtlichkeit zu erreichen, sollten Sie nicht zu viele Informationen auf einer Seite bündeln. Sie erreichen dieses am besten mit dem Einsatz von Stichwörtern.

- Verwenden Sie Groß- und Kleinschreibung. Ihr Text wird so besser lesbar.

- Viel Bild, wenig Text verwenden!

- Geben Sie Ihrer Darstellung eine Struktur, in dem Sie beispielsweise blockartig schreiben.

- Jede Folie braucht eine Überschrift!

## 6.2 Präsentation üben

Üben Sie Ihre Präsentation sooft Sie können. Hier finden Sie einen Vorschlag wie man eine solche Übung in der Gruppe durchführen kann.

**Probeläufe in Gruppenarbeit**

Der Ablauf könnte im Überblick so aussehen:

1. Vorbereitung
2. Jeweils eine Präsentation halten (max. 15 Minuten)
3. Ausfüllen des jeweiligen Beobachtungsbogens
4. Frage: „Wie geht's mir jetzt?" „Was glaube ich selbst, wie meine Präsentation war"?
5. Direktes Feedback geben und ggf. Video zur Klärung heranziehen
6. Dem Präsentator alle ausgefüllten Beobachtungsbögen übergeben

### 6.2.1 Vorbereitung

Nachdem Sie einen geeigneten Raum für Ihren „Testlauf" organisiert haben, sollten Sie die benötigte Technik (PC, Projektor, Kamera) und die Präsentationsmittel prüfen (Stifte, Magnete, Stecknadeln etc.).

Damit für jeden einzelnen eine bestmögliche Rückmeldung erreicht wird, wird vorab ein Beobachtungsbogen verteilt. Eine Kopiervorlage finden Sie im Anhang C.
Halten Sie eine ausreichende Zahl von Beobachtungsbögen bereit. Bedenken Sie, dass jeder von allen Teilnehmern beurteilt werden soll. Am Ende der Präsentation wird der Bogen ausgefüllt. Sofern erste Ideen für Fragen im anschließenden Fachgespräch auftreten, werden diese ebenfalls notiert.

Legen Sie eine Reihenfolge der Präsentatoren fest. Bestimmen Sie einen „Zeitwächter", der stets höflich aber bestimmt auf die Einhaltung der Zeit achten sollte.

Zunächst sollten alle Teilnehmer noch ca. 5 Minuten zur Vorbereitung ihrer Präsentation erhalten.

### 6.2.2 Präsentation halten

Nachdem Sie festgelegt haben, in welcher Reihenfolge die Präsentationen abgehalten werden sollen, starten Sie die Videoaufzeichnung.

Als Präsentator stellen Sie sich gut sichtbar vor die Gruppe. Halten Sie dabei Ihre vorbereitete PC-Präsentation, Folien oder andere Materialien bereit. Legen Sie diese übersichtlich zurecht und starten Sie die Präsentation.
Die anderen Gruppenmitglieder sollten die Präsentation nicht unterbrechen.

**Die Zeit läuft**

Das Einhalten der Zeit ist ein wichtiger Aspekt während der Prüfung. Sehen Sie daher zwischendurch ruhig einmal zur Uhr. Sie können die Uhr z. B. neben den PC oder die Overheadfläche legen, damit Sie die Zeit stets im Blick haben. Wenn Sie Ihr Manuskript in die linke Hand nehmen, ist der Blick auf die Uhr ebenfalls unauffällig. Auf dem Glas der Uhr können Sie mit einem Filzstift markieren, wann Ihre Vortragszeit beendet ist. Wenn Sie Ihre 15-minütige Präsentation um 10:15 Uhr beginnen, markieren Sie die Position 10:30 Uhr mit einem kleinen Strich. So können Sie mit einem Blick die verbleibende Zeit abschätzen.

Versuchen Sie einzuschätzen, ob die verbleibende Zeit noch für Ihr Programm ausreicht. Idealerweise haben Sie sich ein bewegliches Konzept überlegt, bei dem Sie notfalls Punkte weglassen oder ergänzen können.

### 6.2.3 Präsentation auswerten

> *Ich weiß nicht, was ich gesagt habe, bevor ich die Antwort meines Gegenüber gehört habe.*
>
> *Paul Watzlawick*

Vordergründiges Ziel der Prüfungspräsentation ist die Darstellung von bestimmten Informationen. Gleichzeitig geht es aber um eine Selbstdarstellung, die vermitteln soll „seht her – ich kann das".

Insofern ist eine Vorgabe „genau so musst du das machen" grundsätzlich problematisch. Es gibt zwar keine Patentrezepte, aber sicherlich einige gute Tipps, um seinen persönlichen Stil zu finden. Entscheidend ist daher, dass bei der Vorbereitung der Präsentation die persönlichen Schwächen und Stärken berücksichtigt werden.

Der Präsentator bleibt nach der Präsentation vorne sitzen. Die anderen Gruppenteilnehmer füllen während oder nach der Präsentation den Beobachtungsbogen ohne weitere Diskussion aus.

Nachdem die Beobachtungsbögen ausgefüllt sind, beantwortet der Präsentator selbst zwei Fragen:

- Wie geht es mir jetzt?
- Was glaube ich selbst, wie meine Präsentation war?

Im Anschluss sollte die Gruppe dem Präsentator eine Rückmeldung geben. Diese Rückmeldung kann eine kritische Angelegenheit sein, da vielleicht unangenehme Punkte angesprochen werden müssen oder weil der Präsentator sich angegriffen fühlt und deswegen heftig reagiert.

Für ein konstruktives Feedback sollten einige Regeln beachtet werden:

**Feedback muss konstruktiv sein**

- Feedback sollte nicht nur negativ sein! Negative Aspekte fallen schneller auf und werden eher genannt. Solche Art von Kritik ist nicht immer leicht wegzustecken. Bemühen Sie sich daher insbesondere darum, zu Beginn des Feedbacks die positiven Auffälligkeiten zu erwähnen.

- Feedback sollte beschreibend sein! Vielen fällt es schwer, Beobachtung und Bewertung bzw. die Interpretation zu trennen. Bevor Sie das Verhalten des Präsentators interpretieren, sollten Sie das Verhalten beschreiben.

- Feedback sollte konkret sein! Sagen Sie dem Präsentator konkret, was Ihnen aufgefallen ist und wie er das Problem möglicherweise beseitigen kann. Mit konkreten Aussagen lässt sich das Feedback besser nachvollziehen als mit allgemeinen Ausführungen.

- Feedback sollte respektvoll, höflich und sachlich sein! Bedenken Sie, dass Sie auch Ihre Fehler haben und vor der Gruppe stehen müssen. Vermeiden Sie unbedingt alles, was als Beleidigung oder Beschimpfung aufgefasst werden könnte. Bemühen Sie sich um Sachlichkeit. Kritik „unter der Gürtellinie" oder ein Sich-lustig-machen sowie ironische Bemerkungen gehören nicht in ein gutes Feedback-Gespräch.

Kritik ist für die meisten Menschen zunächst eine unangenehme Sache. Sie sollten sich jedoch vor Augen halten, dass Sie nur so die Chance bekommen zu erfahren, wie Sie auf andere wirken. Das mag im ersten Augenblick unangenehm sein, wird Sie aber persönlich sicher weiterbringen.
Wenn Ihre Präsentation besprochen wird, sollten Sie eine Zuhörer-Rolle einnehmen und die Feedback-Geber ausreden lassen.
Selbst wenn es schwer fällt, sollten Sie sich nicht verteidigen oder rechtfertigen. Hier geht es nicht um ein „Recht-haben", sondern um den persönlichen Eindruck, den jemand von Ihnen hat. Dieser Eindruck ist grundsätzlich nicht diskutierbar. Fragen zur Klarstellung und zum besseren Verständnis können jedoch gestellt werden. Sie tragen dazu bei, das Bild, das der andere von Ihnen hat, besser zu verstehen.
Überprüfen Sie Ihr Feedback in anderen Situationen und mit anderen Gesprächspartnern. So können Sie am besten erkennen, ob die Beobachtungen nachvollziehbar sind.

Nach dem Feedback erhalten Sie die ausgefüllten Beobachtungsbögen der anderen Zuhörer. Fassen Sie nach der gesamten Übung die mündlichen Aussagen und die Ergebnisse des Beobachtungsbogens für sich zusammen.

**Arbeitsauftrag:**

**Erhaltenes Feedback auswerten**

Notieren Sie sich...

...welches positive Feedback Sie erhalten haben. Was können Sie besonders gut?

...welche kritischen Punkte genannt wurden. Welche Verbesserungsvorschläge wurden gemacht?

...wie Sie Ihre Präsentation konkret verbessern wollen.

...wo Sie Wissenslücken bei sich bemerkt haben, die Sie noch schließen müssen.

## 6.3 Typische Fehler beim Präsentieren

**Vertrauen Sie Ihrer Vorbereitung!**

a) **Zweifel:** Viele zweifeln an ihrem Können und vertrauen nicht unbedingt ihrer sorgfältigen Vorbereitung. Als Folge hieraus entsteht Angst vor der Präsentation, so dass Sie auf das Publikum unsicher und nicht überzeugend wirken.

**Keine unnötigen Entschuldigungen!**

b) **Entschuldigung zu Beginn:** Bevor überhaupt ein inhaltliches Wort gesagt wurde, erfolgt zunächst eine Entschuldigung. Ob Sie vielleicht drei Wochen vor der Prüfung krank waren, ob Ihr Wellensittich gestern gestorben ist oder eine schlecht geschlafene Nacht – durch solche Erklärungen wird sehr wahrscheinlich die Stimmung bei den Prüfern eher sinken. Sparen Sie sich einfach Ihre Entschuldigungen!

c) **Unruhe:** Sie können sich ruhig bewegen. Wer aber ständig größere Strecken zurücklegt und eher „zappelig" ist, raubt den Prüfern die Konzentration.

**Möglichst frei sprechen**

d) **Komplettes Ablesen des Vortrages:** So schön ein gut ausformuliertes Manuskript auch sein mag, die Gefahr liegt darin, dass Sie an Ihrem Papier kleben und dem Publikum keinen Blick mehr zukommen lassen. Die Zuhörer fühlen sich so nicht wahrgenommen und können dem Text oft nicht folgen, da die vorab schriftlich formulierten Sätze nicht der gesprochenen Sprache entsprechen.

e) **Zu schnelle oder zu langsame Präsentation:** Der Prüfling redet ohne Sprechpause und ohne jede Betonung. Die Prüfer verlieren den Faden und können nicht mehr folgen. Oder der Vortrag ist so langsam und schleppend, dass die Zuhörer ermüden.

f) **Zaghafter Redner:** Der Redner spricht zu leise oder nuschelt. Das Publikum ist mit dem Zuhören überfordert und hört nicht mehr konzentriert zu.

g) **Komplizierte Sprache:** Der Prüfling verwendet eine komplizierte Sprache mit vielen Fach- und Fremdwörtern, Abkürzungen und Schachtelsätzen.

h) **Gliederung fehlt:** Eine inhaltliche Gliederung der Präsentation ist entweder nicht vorhanden oder nicht erkennbar.

i) **Fehlende Visualisierung:** Der Inhalt wird nicht visualisiert, sondern nur verbal vorgetragen.

j) **Technische Mängel der Visualisierung:** Vorhandene Visualisierungen (z. B. auf Folien) sind so klein oder undeutlich, dass sie nur aus sehr kurzer Entfernung lesbar sind, nicht aber aus größeren Entfernungen.

k) **Chart- bzw. Folienüberfluss:** Der Prüfling zeigt ununterbrochen Charts bzw. Folien und redet stetig weiter. Er missachtet die Regel des Folienwechsels: Chart aufrufen/Folie auflegen, Blickkontakt, Inhalt wirken lassen und erst dann erläutern. Folge des Fehlers: Die Prüfer schalten ab.
Beschränken Sie die Anzahl der (übersichtlichen!) Folien auf maximal 8 Stück.

l) **Präsentationszeit überziehen:** Das Überziehen der Präsentationszeit schafft eine Reihe von Problemen. So besteht die Gefahr, dass Sie schlichtweg „abgewürgt" werden, obwohl Sie noch etwas Wichtiges sagen wollten. Die Prüfer könnten außerdem verärgert sein, dass der schöne Prüfungsplan durcheinander gerät. Zudem werden Sie nach einer überzogenen Redezeit kaum noch ein begeistertes Publikum finden, so dass die Zuhörer eher abschalten. Sie können zusätzlich davon ausgehen, dass eine Zeitüberschreitung mit einem bestimmten Punktabzug geahndet wird.

## 7. Fachgespräch vorbereiten und üben

Während Sie die Präsentation selbst gestalten können, bestimmen die Fragen der Prüfer den Verlauf des Fachgespräches. Das Ergebnis des Fachgespräches geht mit einem höherem Gewicht (z. B. 70 %) in die Bewertung ein. Bereiten Sie sich daher intensiv auf das Fachgespräch vor.

## 7.1 Fachgespräch vorbereiten

Ideal ist es, wenn Sie zur Vorbereitung eine Arbeitsgruppe mit Prüflingen bilden, die im gleichen Einsatzgebiet ähnliche Fachaufgaben bearbeitet haben.
Für die Vorbereitung des Fachgespräches ist es ratsam, sich weiterführende Fragen zu überlegen und mögliche Antworten hierfür zu sammeln. Durch dieses Vorgehen lernen Sie im Laufe der Zeit sich in die Rolle des Prüfers zu versetzen.

Die Fragen im Prüfungsgespräch ergeben sich dabei aus Ihrem Präsentationsthema.

**Vorbereitung des Fachgesprächs**

Versuchen Sie in einem ersten Brainstorming Fragen zum jeweiligen Thema mit Hilfe einer Mind-Map zu entwickeln. Berücksichtigen Sie dabei folgende Fragebereiche:

1. Wie sind Sie auf das Thema gekommen?
2. Wie lässt sich Ihr Thema in einen Gesamtzusammenhang einordnen?
3. Welchen fachlichen Hintergrund hat Ihr Thema?
4. Woher haben Sie Ihre Informationen? Wie sind Sie bei der Recherche vorgegangen?
5. Wie bewerten Sie die erzielten Ergebnisse bzw. Problemlösungen? Zu welchen Einsichten sind Sie bei der Beschäftigung mit dem Thema gelangt?
6. Welche Basisbegriffe werden genannt?
7. Ergaben sich bei der Bearbeitung der Fachaufgabe auch offene Fragen? Welche?

**Arbeitsauftrag (ca. 4 - 8 Personen):**

Schreiben Sie Ihr Thema in die Mitte eines DIN A4-Blattes im Querformat. Reichen Sie dieses Blatt an Ihren rechten Tischnachbarn weiter. Dieser fügt dann Fragen oder Ideen in Form einer Mind-Map aus den oben genannten Bereichen hinzu. Nach maximal 5 Minuten werden die jeweiligen Themenblätter an den nächsten Nachbarn weitergereicht, der die Fragen des Vorgängers ergänzt oder neue hinzufügt. Dieses wird so lange weitergeführt, bis Ihr Thema wieder bei Ihnen angekommen ist.

**Beispiel:**

Mind-Map zum Thema **„Durchführung der Lohn- und Gehaltsabrechnung“:**

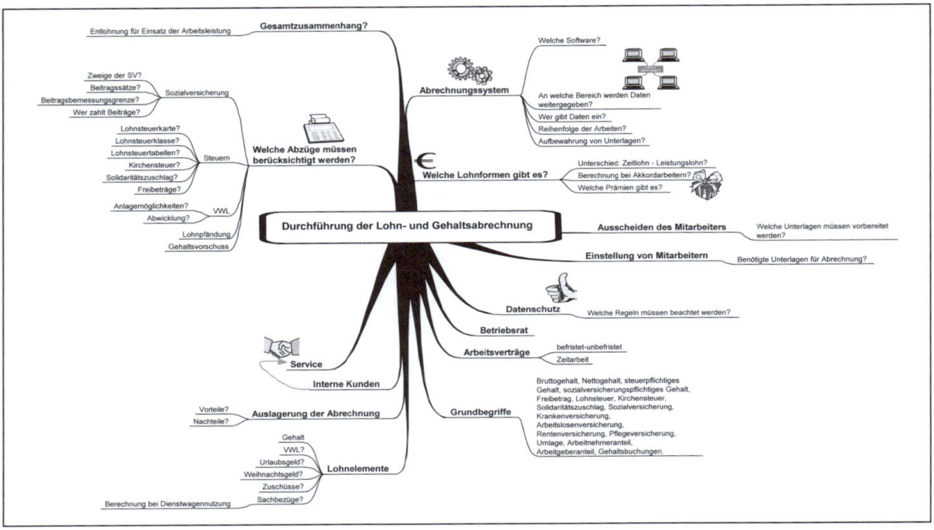


**Fragen zum Thema: Mind-Map liefert Übersicht**

Jeder Prüfling hat nun die Frageideen aller anderen vor sich liegen. Versuchen Sie die angedeuteten Fragen und Themenkreise für sich selbst zu klären, indem Sie einen direkten Antwortversuch wagen. Ihre Antwort sollten Sie erst im zweiten Arbeitsgang mit einer Idealantwort vergleichen, die Sie mit Hilfe Ihrer Unterlagen und Lehrbücher bestimmt haben.

## 7.2 Fachgespräch üben

**Fachgespräche im Rollenspiel proben**

Aufbauend auf dem Übungsvorschlag aus 7.1 können Sie die Fragen aus der Mind-Map zur Simulation der Prüfung durch einen oder mehrere „Experten“ einsetzen.

Üben Sie das Fachgespräch im Rollenspiel in Ihrer Lerngruppe oder bitten Sie einen kompetenten Bekannten, Lehrer oder Ausbilder um ein solches Testgespräch.

Bemühen Sie sich um eine präzise Beantwortung der Fragen. Leider kommt es immer wieder vor, dass Fragen nicht eindeutig oder unverständlich formuliert sind. Wenn eine Frage unklar sein sollte, können Sie durchaus höflich um eine Erläuterung oder Ergänzung bitten.

Unter dem Punkt 4.5 wurden bereits die allgemeinen Anforderungen, die an Sie gestellt werden, erläutert.
Speziell für den Teil des Fachgespräches sollten Sie zusätzlich folgende Hinweise beachten:

- Grundsätzlich sollten Sie sich bei Ihrer Prüfung aktiv und aufgeschlossen verhalten. Setzen Sie selbst Akzente, indem Sie nicht nur die Frage kurz beantworten, sondern von sich aus weiteres Wissen anbieten.

- Ein Streitgespräch mit Ihren Prüfern sollten Sie sich ersparen, es sei denn, dass man Sie dazu aufgefordert hat. Die Gefahr besteht darin, dass man Ihnen Ihr Verhalten sonst als Widerstand auslegt. Grundsätzlich hat Ihr Prüfer immer „Recht".

- Fallen Sie dem Prüfer nicht ins Wort. Selbst wenn Sie die Frage und die Antwort bereits kennen noch bevor die Fragestellung beendet ist, sollten Sie den Prüfer ausreden lassen.

- Eine sichere Ausstrahlung gehört dabei zum Gesamteindruck. Vermeiden Sie „tonmäßige" Fragezeichen hinter Ihren Aussagen oder zweifelnde Blicke.

- Die Prüfer möchten von Ihnen nicht nur stur auswendig gelernte Definitionen hören, sondern einen Eindruck gewinnen, ob Sie die Sachbearbeitung in dem jeweiligen Gebiet beherrschen.

- Wenn Sie zu einer Frage gar nichts beitragen können oder ein Black-out haben, sollten Sie es direkt zugeben. Die Prüfer kennen sicherlich selbst derartige Situationen und werden sich um eine Auflockerung bemühen. Im Notfall müssen Sie schlichtweg „passen", um weitere Fragen zu diesem Themengebiet zu vermeiden.
  Wer eine Frage einmal nicht beantworten kann, sollte die Hoffnung aber deswegen keinesfalls aufgeben.

**Gesprächsverhalten trainieren**

- Durch einen einfachen Trick können Sie versuchen, den Gesprächsverlauf zu steuern: Während Prüflinge ohne Übung einfach so lange drauflos reden bis sie nicht mehr weiterwissen, machen geübte Kandidaten an den Stellen Pausen, wo der Prüfer gerne nachhaken darf.

Im Anschluss an Ihre Probeläufe zum Fachgespräch folgt jeweils ein fundiertes Feedback. Neben der Beurteilung der inhaltlichen Seite, sollten Sie dabei zusätzlich erfahren, welchen Eindruck Sie hinterlassen haben. Vorab sollten die Feedback-Geber die Feedback-Regeln kennen, die unter 6.2.3 genannt wurden.

**Inhalte des Feedbacks**

**Beim Feedback sollten folgende Leitfragen beantwortet werden:**

- Wie gut wird der fachliche Hintergrund zur Fachaufgabe beherrscht?
- Wird die Fachaufgabe richtig und sicher in Gesamtzusammenhänge eingeordnet?
- Werden fachliche Begründungen und Argumente richtig und überzeugend vorgetragen?
- Inwieweit werden die fachlichen Ergebnisse richtig und überzeugend dargestellt?
- Welche Besonderheiten sind aufgefallen?
- Was ist in positiver, was in negativer Hinsicht aufgefallen?
- Ist die sprachliche Ausdrucksfähigkeit angemessen?
- Wurden die Fragen aufgeschlossen und aktiv beantwortet?
- Wie sicher wurden die Fragen insgesamt beantwortet?

Ein Muster für einen Feedback-Bogen finden Sie im Anhang D.

Fassen Sie für sich das Feedback zusammen und überlegen Sie sich, welche Dinge Sie noch verändern müssen.

**Arbeitsauftrag:**

Schreiben Sie sich auf einem Blatt folgende Fragen auf und beantworten Sie diese mit Hilfe des erhaltenen Feedbacks:

- Welche Punkte waren gut?
- Welche Punkte waren schlecht?
- Was könnte ich konkret tun, um die schlechten Aspekte zu verbessern?

## 7.3 Typische Fehler beim Fachgespräch

a) **Nichtbeachtung der Fragestellung:** Durch die Aufregung kommt es immer wieder vor, dass Prüflinge die Fragestellung des Prüfers gar nicht hören und verstehen. Schon beim ersten „Schlüsselwort" wird dann ein im Gehirn versteckter Antworttext abgespult.

**Genau Zuhören**

Bemühen Sie sich unbedingt, dem Prüfer wirklich zuzuhören. Schließlich erwartet er von Ihnen eine passende Reaktion auf seine Frage.

b) **Zu schnelles Aufgeben:** Als Prüfling stehen Sie unter einem großen inneren Druck, den z. B. der Betrieb, die Freunde, die Eltern, aber auch Sie selbst erzeugen. Sollten Sie eine Frage einmal nicht beantworten können, brauchen Sie nicht gleich „im Erdboden" zu versinken. Eine sehr gute Note erhalten zwar nur

diejenigen, die alles richtig und zügig erläutern können, aber zwischen einem „Sehr gut“ und einem „Ausreichend“ liegen noch eine ganze Reihe von Bewertungsmöglichkeiten.
Geben Sie nicht gleich auf, nur weil Sie eine Frage nicht sofort vollständig beantworten können. Das kommt bei fast jeder Prüfung vor.
Statt aufzugeben und zu verstummen, sollten Sie besser Lücken offen eingestehen, aber gleichzeitig etwas aus Ihrem reichen Wissensschatz anbieten. Dazu eignen sich z. B. folgende Formulierungen: „Ich bin mir nicht sicher, aber es ist denkbar, dass...“, oder „Mir fällt im Augenblick der Begriff nicht ein, aber es handelt sich um ...“.

**Mut zur aktiven Gesprächsführung**

c) **Nichtbeachtung der Prüferreaktionen:** In Normalfall reagieren Prüfer auf falsche oder richtige Antworten. Durch Ihre Schulzeit kennen Sie das Frage-und-Antwort-Spiel von Ihren Lehrern. Achten Sie bei den Prüfern auf zustimmende oder ablehnende Reaktionen, die Ihnen signalisieren, ob Sie auf dem richtigen Weg sind.

d) **Zu kompliziertes Denken:** „Man sieht den Wald vor lauter Bäumen nicht“ – diesen Ausspruch kennen Sie sicherlich. Gerade bei einem großen Wissensschatz in Verbindung mit Nervosität besteht die Gefahr, Lösungswege nicht mehr klar zu erkennen. Bemühen Sie sich daher auch Einfaches und Näher liegendes zu erkennen. Danach wird häufiger gefragt, als man vermutet.

## 7.4 Tipps für das Fachgespräch

Für das Fachgespräch sollten Sie einige „Faustregeln“ beherzigen:

**Gesprächsregeln beachten**

- Suchen Sie den Blickkontakt zu den Prüfern!
- Sprechen Sie laut und deutlich. Bemühen Sie sich um ein gemäßigtes Sprechtempo.
- Formulieren Sie kurze und vollständige Sätze (sogar richtige Stichwort-Antworten wirken oft geraten).
- Verwenden Sie nur solche Fachbegriffe, die Sie ausreichend erläutern können.
- Versuchen Sie selbst bei lückenhaften Kenntnissen eine Antwort (notfalls erbitten Sie eine „Starthilfe“ vom Prüfer).

# 8. Typische Prüfungsprobleme

## 8.1 Schlechte Vorbereitung

Einige Kandidaten sind der Meinung, dass kurzfristiges „Pauken" für eine Prüfung ausreicht. Wesentlich erfolgreicher sind jedoch langfristige Lernstrategien.

**Methodisch arbeiten**

Planen Sie daher Ihre Vorbereitung. Dabei kommt es nicht darauf an, sehr viele Stunden einzusetzen, entscheidender sind die Qualität und Intensität der Vorbereitung.

Seien Sie stets beim Lernen „aktiv" dabei. Wer nur einen Lehrbuchtext kurz durchliest, wird sich in den meisten Fällen relativ schlecht daran erinnern. Besser ist es, sich anhand der Themenüberschriften erste Fragen zu stellen und die Antworten nach dem Durchlesen zu notieren. Auch Unterstreichungen, Zusammenfassungen in eigenen Worten oder Mind-Maps sind gute Methoden für eine aktive Verarbeitung des Lernstoffes.

Dass die jeweiligen Unterlagen und selbst erstellten Materialien übersichtlich und gut geordnet sein sollten, versteht sich sicherlich von selbst.

**Zeitplan aufstellen**

Nach einer ehrlichen Bestandsaufnahme Ihres Kenntnisstandes sollten Sie sich einen Lernplan erstellen. In diesen Plan sollten Sie die noch zu bearbeitenden Inhalte sowie eine realistische Zeitplanung aufnehmen. Ihr Plan ist allerdings nur dann hilfreich, wenn Sie ihn immer wieder auf seine Einhaltung hin überprüfen und damit wirklich in die Tat umsetzen.

## 8.2 Negative Grundhaltung

> *Wer sich zum Wurm macht, kann nachher nicht klagen, wenn er mit Füßen getreten wird.*
>
> *Immanuel Kant*

Eine negative Grundhaltung ist sicherlich das größte Problem bei einer Prüfung. Ob nun bewusst oder unbewusst – diese Haltung beeinflusst jeden ganz wesentlich und trägt zum Erfolg oder Misserfolg entscheidend bei.

Wer meint er „mache immer alles falsch", „das schaffe ich sowieso nicht" oder „alle wollen mich durchfallen lassen" steht sich selbst und einer guten Prüfungsleistung im Weg.

**Positive Grundhaltung aufbauen**

Bemühen Sie sich daher um eine positive Grundeinstellung und machen Sie sich immer wieder klar, dass niemand Sie durchfallen lassen möchte. In Verbindung mit einer systematischen Vorbereitung soll-

ten Sie sich immer wieder vor Augen halten: „Ich kann ganz viel" und „ich werde es schaffen".
Kurz vor der Prüfung sollten Sie an etwas Angenehmes denken, damit Sie sich selbst in eine positive Stimmung versetzen.
Für die Zeit nach der Prüfung sollte man sich etwas Angenehmes vornehmen, wie z. B. einen Besuch bei Freunden oder eine Reise.
Denken Sie daran, dass die Prüfung nicht das Ende aller Dinge ist, egal wie sie letztlich ausgeht.

## 8.3 Lampenfieber

Wer schon einmal öffentlich aufgetreten ist, kennt dieses Gefühl von Lampenfieber nur zu gut. Selbst Profis wie Fernsehstars oder Schauspieler, haben trotz ihrer Erfahrung dennoch Lampenfieber.
Oft ist ein gewisses Maß an Aufregung notwendig, um Energien freizusetzen und gute Leistungen zu erzielen. Bei manchen Menschen führt diese Aufregung allerdings dazu, dass sie sich selbst blockieren und den „roten Faden" verlieren.

Die beste Vorbeugung gegen Lampenfieber ist eine gute Vorbereitung, da diese ein Gefühl der Sicherheit vermittelt.
Zusätzlich kann das Auswendiglernen der ersten und letzten Sätze bei der Präsentation helfen. Der besonders aufregende Anfang ist somit eingeübt, so dass sich die Aufregung besser legt. Der eingeübte Schluss schafft zusätzlich einen „runden Eindruck".
Üben Sie Ihre Präsentation so oft wie möglich – das gibt Sicherheit!

**üben – so oft wie möglich**

Bitte sorgen Sie dafür, möglichst früh vor Ort in den Räumlichkeiten zu sein. Ein Erscheinen „auf den letzten Drücker" erhöht die Aufregung meist noch.
Überprüfen Sie vor dem Vortrag nochmals alle nötigen Hilfsmittel und Unterlagen. Die letzten 20 Minuten vor der Prüfung sollten Sie nicht mehr über diese nachdenken.
Nutzen Sie Entspannungsmöglichkeiten, wie z. B. gleichmäßiges und tiefes Atmen oder verschaffen Sie sich Bewegung (auf und ab gehen).

Häufig kommt der Druck auch von innen. Versuchen Sie, sich nicht selbst unter Druck zu setzen, indem Sie Ihre Anforderungen an sich selbst zu hoch ansetzen. Gehen Sie davon aus, dass eine „perfekte" Präsentation selbst den Profis selten gelingt.

Ihre Nervosität wird zudem durch Ihre innere Einstellung bestimmt. Auch wenn es manchmal schwer ist – bemühen Sie sich, immer an den Erfolg Ihrer Prüfung zu glauben!

Sie können Sie sich insgesamt positiv einstimmen und Ihre Nervosität verringern, wenn Sie sich folgendes vor Augen halten: „Mein Publikum – also die Prüfer – freut sich auf die Informationen, die sie durch mich erhalten werden. Ich habe etwas Interessantes mitzuteilen und werde es entsprechend vortragen“. In der Regel legt sich der erste Anflug von Lampenfieber schnell, wenn Sie sich an die Prüfungssituation gewöhnt haben und Kontakt mit dem Publikum aufgenommen haben.

**Maßnahmen gegen Lampenfieber**

Was aber tun, wenn während der Prüfung Anzeichen von Lampenfieber, wie z. B. Schweißausbrüche, Ohrensausen, zittrige Hände oder Stimmprobleme, auftreten?
Sofern diese Symptome Sie plagen, helfen meistens schon kleine Tricks, um sie zu lindern. Hier ein paar Beispiele:

- Schweißausbrüche: Hier hilft geeignete Kleidung, um diese zu vertuschen. Ein gute „Deodusche“ kann zusätzlich helfen.
- Händezittern: Halten Sie irgendeinen Gegenstand fest (z. B. Kugelschreiber).
- Krächzende Stimme: Da bei Aufregung der Hals austrocknet, kann ein Glas Wasser Wunder wirken. Ein Hustenbonbon oder Kaugummi dagegen ist beim Sprechen eher hinderlich (wirkt auch nicht gut!).
- Black-out zu Beginn: Lernen Sie die ersten Sätze auswendig und schreiben Sie sich diese groß und deutlich in Ihrem Manuskript auf.
- Koffein/Nikotin: Viele versuchen sich auf diesem Wege zu beruhigen. Wenn möglich, sollten Sie diese Stoffe meiden, da sie die Symptome des Lampenfiebers verstärken.
  Bitte vermeiden Sie am Vortag starke Medikamente oder ein Übermaß an Alkohol.
- Essen: Essen Sie vor Ihrer Prüfung eher wenig und nur leichte Kost.
- Umgebung: Haben Sie schon einmal Mit-Prüflinge erlebt, die Sie mit ihrer Nervosität direkt vor einer Prüfung anstecken? Vermeiden Sie den Kontakt mit solchen „Nervensägen“, gehen Sie einfach weg oder unterhalten Sie sich lieber mit ruhigeren und positiv gestimmten Kandidaten.

- Fehler: Versuchen Sie über eigene Fehler und Schwächen hinwegzugehen und entschuldigen Sie sich nicht für Kleinigkeiten, die den Prüfern womöglich gar nicht aufgefallen sind.
  Denken Sie während der Prüfung nicht mehr über Ihre Fehler nach, da Sie sich sonst nicht mehr optimal konzentrieren können.

- Steckenbleiben: Sollten Sie mitten in Ihrer Präsentation oder im weiteren Verlauf einmal stecken bleiben, können Sie das Problem durch folgende Maßnahmen überwinden:
  - Geben Sie es zu: „Ach je, jetzt habe ich den Faden verloren“.
  - Füllfloskeln verwenden
  - Das zuletzt Gesagte kurz zusammenfassen.
  - Sehen Sie sich in aller Ruhe Ihr Manuskript an.
  - Springen Sie auf den nächsten Punkt Ihrer Präsentation bzw. Ihrer Ausführungen und kommen Sie später, wenn die Gelegenheit sich bietet, auf den übersprungenen Bereich wieder zurück.

## 8.4 Störungen

Vor und während der Prüfung können verschiedene Störungen auftreten, die nichts mit Ihnen zu tun haben. Sie verlieren Ihren Schrecken, wenn man sich vorab kurz mit einigen möglichen Störungen auseinandergesetzt hat:

- Die Prüfung beginnt verspätet: Sofern Sie einen späteren Prüfungstermin am Nachmittag haben, könnte sich der Beginn etwas verzögern. Da Sie dann länger warten müssen, sollten Sie sich eine Strategie überlegen, wie Sie die Wartezeit gestalten. Einige Sportler hören z. B. vor wichtigen Wettkämpfen gern Musik, um sich zu entspannen.

- Ein Prüfer kommt etwas später oder geht während Ihres Vortrages hinaus: Lassen Sie sich möglichst nicht aus der Ruhe bringen. In den allermeisten Fällen hat dieser Sachverhalt nichts mit Ihnen zu tun.

- Die Prüfer führen Gespräche untereinander: Einfach weitermachen. Oft haben diese Gespräche gar nichts mit Ihnen zu tun.

**Plan B für technische Störungen**

- Es kommt zu technischen Pannen bei den Präsentationsmedien (z. B. Lampe des Beamers/Overhead-Projektors brennt durch): Gehen Sie davon aus, dass Sie nicht dafür verantwortlich gemacht werden. Da die Präsentationszeit relativ kurz ist, sollten Sie sich kaum auf eine Reparatur einlassen. Versuchen Sie stattdessen lieber die Präsentation ohne das betreffende Medium fortzusetzen. Für diesen Fall sollten Sie sich gedanklich einen „Plan B“ überlegt haben („wie mache ich weiter, wenn ich ein technisches Problem habe?“). Ihre Flexibilität wird Ihnen sicherlich einen Pluspunkt einbringen.

## 9. Allgemeine Tipps

In den einzelnen Kapiteln haben Sie an vielen Stellen bereits konkrete Tipps erhalten, um die Prüfung positiv zu gestalten.
Zusätzlich helfen Ihnen die folgenden allgemeinen Tipps bei der Bewältigung Ihrer Prüfung:

**1. Prüfer sind auch nur Menschen!**

Die meisten Prüfer haben überhaupt nicht vor, Sie in Grund und Boden zu prüfen.
Sie können die Situation der Prüfer für sich nutzen. Eigentlich haben die Prüfer ihre regulären Arbeitsaufgaben, während die Tätigkeit in einer Prüfungskommission den Charakter einer Nebentätigkeit hat. Während sie Ihnen die Prüfung abnehmen, steigt der Berg von Arbeit auf ihren Schreibtischen.
Die Prüfer-Laune steigt erheblich, wenn sie bei einer Prüfungsaufgabe einen Grund zur Freude findet. Von daher machen sich die Prüfer auf die Suche danach, einen Grund zur Freude in Ihren Leistungen zu entdecken. Wenn sie ihre Kandidaten beruhigen und zu guten Antworten anspornen können, werden sie am ehesten fündig werden.
Bedenken Sie, dass Prüfer selbst schon mehrere Prüfungen hinter sich gebracht haben. Sie kennen daher feuchte Hände, zitterige Knie und nervöses Verhalten und haben hierfür Verständnis. Sofern aber Nervosität als Entschuldigung für mangelhafte Leistungen vorgetäuscht wird, endet das Verständnis.
Durch neue Prüfungsformen in vielen Ausbildungsberufen werden die Prüfer vor neue Herausforderungen gestellt. Gerade für die Beurteilung der gelösten Fachaufgabe ist ein hohes Maß an aktuellem fachlichen Wissen Voraussetzung. Sie können somit davon ausgehen, dass Sie gegenüber dem einen oder anderen Prüfer fachlich vielleicht sogar einen kleinen Vorsprung haben. Aber Achtung – Sie sollten keinen der Prüfer unterschätzen!

**2. Erwarten Sie von Prüfern kein bestimmtes Verhalten!**

Prüfer zeigen ihr Wohlwollen auf höchst unterschiedliche Weise. Somit wird die „Freude" an Ihrer Leistung für Sie nicht unbedingt eindeutig erkennbar.

Sie sollten zwar die Prüfer beobachten, aber sich daher davor hüten, dass Verhalten der Prüfer genau interpretieren zu wollen. Die oft fehlerhaften Interpretationen können dazu führen, dass Sie sich selbst verunsichern und ablenken. Denken Sie daran, dass Sie vielleicht vom grimmigsten Prüfer die beste Note erhalten!

**3. Schweigen ist nicht immer Gold!**

Ein wichtiges Handwerkszeug für Kaufleute ist ihre Redegewandtheit. Auch Sie hatten während Ihrer Ausbildung ein gutes Training in diesem Bereich: Machen Sie sich das bewusst!

Wenn Ihnen nicht auf Anhieb eine gute Antwort einfällt, sollten Sie natürlich nicht raten. Überbrücken Sie den Leerlauf. Bedenken Sie die Situation: Die Prüfer erwarten nicht unbedingt, dass Sie die Fragen sofort vollständig beantworten. Es muss jedoch sichtbar sein, dass Sie in der Lage sind, sich mit Hilfe Ihres fachlichen Wissens eine Lösung zu erarbeiten. Wenn Sie schweigen, mögen Sie zwar hervorragende Gedanken haben, allerdings bleiben diese dem Prüfer verborgen.
Bitten Sie evtl. die Prüfer, die Frage noch einmal – anders formuliert – zu stellen und versuchen Sie zumindest eine Teillösung anzubieten.
Vielleicht könnten Sie mit einer Definition der Begriffe beginnen oder kurz erläutern, wie dieses Problem im eigenen Ausbildungsbetrieb gelöst wurde. Auch mit Hilfe eines passenden Falls oder eines Beispiels liefern Sie einen Ansatzpunkt, den die Prüfer aufgreifen könnten.

**Auswege suchen, aber keine Ausflüchte.**

Üben Sie möglichst oft das Reden vor Gruppen. Erklären Sie Ihren Zuhörern bestimmte Zusammenhänge und stellen Sie anschließend sicher, dass Sie verstanden wurden. Bitten Sie Ihre Zuhörer um eine Rückmeldung über Ihr Redeverhalten, das gibt Ihnen Ansatzpunkte für eine Verbesserung.

**4. Normales Leben führen!**

Natürlich ist die bevorstehende Prüfung für Sie bedeutsam, aber das normale Leben sollte in der Vorbereitungsphase dennoch nicht zu kurz kommen. Dazu gehören Erholungsphasen und Pausen ebenso wie soziale Kontakte. Die gelebte Normalität ist dabei ein hervorragendes Mittel gegen drohende Nervosität. Das Lernen bis zur totalen Erschöpfung imponiert niemandem. Im Gegenteil, es schadet eher, da jeder Mensch nur über eine begrenzte Lernkapazität verfügt.

**5. Positive Grundhaltung und realistische Erwartungen aufbauen!**

Eine positive Grundhaltung und ein vernünftiges Selbstbewusstsein sind notwendige Voraussetzungen für Ihren Prüfungserfolg. Sagen Sie sich immer wieder „ich kann das".
Eine realistische Einschätzung der eigenen Fähigkeiten und Kenntnisse und der damit erreichbaren Prüfungsergebnisse ist dabei besonders wichtig. So bekommen Sie Versagensängste, übersteigerte Erwartungen und Selbstüberschätzung in den Griff.

**6. Seien Sie vorbereitet!**

Einige Kandidaten sind gar nicht oder nicht in sinnvoller Weise vorbereitet. Selbstverständlich müssen Sie sich nach der schriftlichen Prüfung erst einmal erholen. Selbst wenn Sie nach der schriftlichen Prüfung in ein Motivationsloch fallen, sollten Sie aber noch ein paar Wochen durchhalten. Die mündliche Prüfung ist auch wichtig!

Den Prüfungsstoff müssen Sie wahrscheinlich nicht von vorne wiederholen, Sie sollten die Zeit aber nutzen, um vorhandene Wissenslücken zu schließen, die Sie eventuell bei der schriftlichen Prüfung festgestellt haben. Bereiten Sie sich insbesondere auf die spezifischen Anforderungen der mündlichen Prüfung vor.

**Wir wünschen Ihnen dabei viel Erfolg!**

# 10. Anhang

**Anhang A:**
**Muster „Antrag für die Fachaufgabe im Einsatzgebiet“**

| Ausbildungsbetrieb |
| --- |
| |

| Prüfungsbewerber/-in |
| --- |
| |

| Azub.-Identnr. |
| --- |
| |

| PA | PB | BS |
| --- | --- | --- |
| | | |

**Abschlussprüfung . . .** **Termin:**

**im Ausbildungsberuf Industriekaufmann/-frau**

**Antrag auf Genehmigung der betrieblichen Fachaufgabe**

aus dem Einsatzgebiet: ______________________________

Sehr geehrte Damen und Herren,

hiermit stelle ich den Antrag, das Konzept der nachfolgend beschriebenen Fachaufgabe zu genehmigen.

**Thema der Fachaufgabe:**

**Bitte nur dieses Blatt mit Vorder- und Rückseite verwenden und vierfach bis zum . . . einreichen!**

Kurzbeschreibung mit Grobgliederung bitte auf der Rückseite eintragen!

**Geplante Präsentationsmittel (zutreffendes ankreuzen):**

☐ Flipchart ☐ Tageslichtprojektor ☐ Pinwand **Weitere Hilfsmittel sind nicht zugelassen !**

**Zustimmung zur betrieblichen Fachaufgabe durch den Ausbildenden, (Unternehmen):**

Ort Datum Stempel/Unterschrift

**Datum** **Unterschrift Prüfungsbewerber/-in**

**Genehmigung der betrieblichen Fachaufgabe durch den Prüfungsausschuss**:

Ort, Datum Prüfungsausschuss



Quelle: IHK Hamburg, 2005

**Raum für Notizen,
z.B. wichtige Termine, Telefon-Nummern etc.**

**Anhang B: Muster „Persönliche Erklärung"**

| Ausbildungsbetrieb | Prüfungsbewerber/-in |
|---|---|
| | |

| Azub.-Identnr.: | PA | PB | BS | Prüf-Nr. |
|---|---|---|---|---|
| | | | | |

## Abschlussprüfung . . .

im Ausbildungsberuf Industriekaufmann/-frau

## Erklärung zur beigefügten Fachaufgabe

(Report auf Papier in vierfacher Ausfertigung und Berichtsheft bitte bis zum . . . einreichen!)

## 1. Ausführung

Die Fachaufgabe wurde entsprechend dem eingereichten Thema/Kurzbeschreibung mit einer Grobgliederung ausgeführt.

## 2. Report

Der Report wurde vom Prüfungsteilnehmer selbständig und ohne fremde Hilfe erstellt.

Datum: ..................................

**Unterschrift des Ausbildenden:** ..................................

**Ich versichere, dass ich die Fachaufgabe selbständig und ohne fremde Hilfe angefertigt, alle Stellen, die ich wörtlich oder annähernd wörtlich aus Veröffentlichungen entnommen, als solche kenntlich gemacht habe. Die Arbeit hat in dieser Form keiner anderen Prüfungsinstitution vorgelegen.**

Datum: ..................................

**Unterschrift des/der Prüfungsbewerbers/-bewerberin:** ..................................

Quelle: IHK Hamburg, 2005

## Anhang C: Muster „Beobachtungsbogen"

Thema: ______________________________

Präsentator/in: ______________________________

| | Indikator | Sehr gut ++ | Gut + | Sollte verbessert werden 0 | Muss verbessert werden – | Gravierende Mängel – – | Indikator |
|---|---|---|---|---|---|---|---|
| **Blickkontakt** | jeder fühlt sich angesprochen | | | | | | fehlt, unsicher, vom Blatt abgelesen |
| **Gestik/Haltung** | offen, freundlich | | | | | | blockiert, verschlossen, steif, unfreundlich |
| **Sprechweise** | deutlich, Betonung variiert | | | | | | undeutlich, zu leise oder zu laut, monoton |
| **Sprechtempo** | dynamisch, gute Pausentechnik | | | | | | zu schnell, keine Pausen, Black-outs |
| **Sprache** | sicher im Ausdruck, angemessene Fachsprache | | | | | | unverständlich, unsicher, unangemessen |
| **Inhalt** | sachlich richtig, Gewichtung von Neben- und Hauptpunkten | | | | | | sachliche Fehler, wichtige Punkte zu kurz |
| **Struktur** | klar erkennbar, zielgerichtet | | | | | | nicht erkennbar, Ziel nicht klar |
| **Visualisierung** | Farbeneinsatz angemessen, Schaubilder-/Tabelleneinsatz | | | | | | überladen oder keine Schaubilder, zu viele Farben |
| **Medien** | funktionieren, richtige Bedienung | | | | | | funktionieren nicht, kann Medien nicht bedienen |
| **Fragen, die mir zur Ergänzung im folgenden Fachgespräch einfallen; Bemerkungen** | | | | | | | |

## Anhang D: Muster „Feedback-Bogen“

Thema: ____________________

Präsentator/in: ____________________

| | | Sehr gut | Gut | Sollte verbessert werden | Muss verbessert werden | Gravierende Mängel | |
|---|---|---|---|---|---|---|---|
| | **Positive Bemerkungen** | ++ | + | 0 | – | – – | **Negative Bemerkungen** |
| **Beherrschung des fachlichen Hintergrundes?** | | | | | | | |
| **Richtige und sichere Einordnung in Gesamtzusammenhänge?** | | | | | | | |
| **Überzeugender und richtiger Vortrag fachlicher Begründungen und Argumente?** | | | | | | | |
| **Richtige und überzeugende Darstellung der fachlichen Ergebnisse?** | | | | | | | |
| **Sprachliche Ausdrucksfähigkeit?** | | | | | | | |
| **Aufgeschlossene und aktive Beantwortung von Fragen?** | | | | | | | |
| **Sichere Beantwortung der Fragen insgesamt?** | | | | | | | |
| **Bemerkungen, Positives / Negatives /Auffälliges:** | | | | | | | |

**Prüfung? Kein Problem!**

**Prüfungs- und Arbeitshilfen für die kaufmännische Ausbildung**

# Die U-Form-Ratgeber

Viele Tipps und Tricks im handlichen Hosentaschenformat. Das sind die Cleveren U-Form-Ratgeber. Locker formuliert, aber sachlich auf den Punkt gebracht, geben sie wichtige Tipps und Tricks für die tägliche Berufspraxis, die Berufsschule und die Prüfungsvorbereitung.

## CHECK iT - Industriekaufleute

Best.-Nr. 2601 — 14,99 Euro

Info: Alle prüfungsrelevanten Themen der letzten Prüfungsjahrgänge für die Fachbereiche Absatz, Beschaffung, Leistungserstellung, Personal und WiSo werden komprimiert und anschaulich dargestellt.

## Das clevere Formelheftchen

Best.-Nr. 971 — 6,50 Euro

Info: Alle wichtigen kaufmännischen Rechenarten und Formeln werden anhand eines Beispiels dargestellt und erläutert.

## Clevere Tipps zum Prüfungsendspurt

Best.-Nr. 981 — 6,50 Euro

Info: Die Zeit zur Prüfungsvorbereitung optimal einteilen, auf den Punkt genau inhaltlich fit sein und nach der Prüfung schnell den Start ins Berufsleben finden – die „Cleveren Tipps zum Prüfungsendspurt" verraten, wie.

## Der clevere Formel-Trainer

Best.-Nr. 973 — 12,99 Euro

Info: Eine Vielzahl von Rechenaufgaben unterschiedlicher Schwierigkeitsstufen zu allen wichtigen kaufmännischen Rechenarten und Berechnungen.

Stand 12/16 · Angebot freibleibend

# Bestellschein

Bitte hier Ihre Kunden-Nummer eintragen:

| | | | | | | | |
|---|---|---|---|---|---|---|---|
| | | | | | | | |

**Absender/Stempel** (genaue Versandanschrift)

U-Form Verlag
Hermann Ullrich GmbH & Co. KG
Cronenberger Straße 58
42651 Solingen

**E-Mail**

**Datum/Unterschrift**

**Bitte achten Sie darauf, dass Sie nur auf einem Weg bestellen, um Doppellieferungen zu vermeiden.**

**Telefon 0212 22207-0** oder **Fax 0212 208963** oder **E-Mail: uform@u-form.de** oder **Internet: www.u-form.de**

| Titel | Bestell-Nr. | Anzahl | Einzel-preis | Gesamt-preis |
|---|---|---|---|---|
| | | | | |
| | | | | |
| | | | | |
| | | | | |
| | | | | |
| | | | | |
| | | | | |
| | | | | |
| | | | | |

**Preise einschließlich Mehrwertsteuer (außer bei Einstellungstests), zuzüglich Versandkostenpauschale von 5,95 €, Angebot freibleibend**

☐ **Eilservice 5,50 €**

**Summe**

## Zusätzlich möchte ich einen kostenlosen Prospekt zu den angekreuzten Themen:

- ☐ Automobilkaufmann/-frau
- ☐ Bankkaufmann/-frau
- ☐ Fachlagerist/in und Fachkräfte für Lagerlogistik
- ☐ Gastgewerbe
- ☐ Industriekaufmann/-frau
- ☐ Immobilienkaufmann/-frau
- ☐ IT-Berufe
- ☐ Kfm./Kffr. f. Büromanagement
- ☐ Kfm./Kffr. im Einzelhandel Verkäufer/in
- ☐ Kfm./Kffr. im Groß- und Außenhandel
- ☐ Kfm./Kffr. f. Spedition und Logistikdienstleistung

# Notizen

# Notizen

## Notizen